KB139189

FRAME

프레임

나를 바꾸는 심리학의 지혜

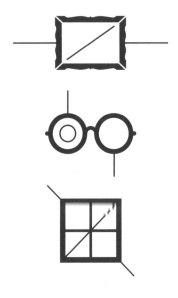

최인철(서울대학교 심리학과 교수) **지음**

21세기북스

비관주의자는 어떤 기회 속에서도 어려움을 보고,
낙관주의자는 어떤 어려움 속에서도 기회를 본다

_ 윈스턴 처칠

프레임의 중요성에 대한 연구들을 공부하면서 느꼈던 재미와 의미를 다른 사람들과 공유하고 싶은 소박한 동기에서 『프레임』을 쓰게 되었다. 근거 없는 주장이나 추측, 개인적인 의견은 배제하고, 독자들을 가르치려 하는 오만을 경계하면서 연구 결과에 충실한 책을 쓰려고 노력하였다. 프레임이라는 개념 자체를 소개하고 싶은 마음이 간절했기 때문에 구체적인 실천법보다는 근본적인 지식을 전달함으로써 대중서이지만 학술서의 격을 지키려고 했다.

『프레임』 개정판도 이 원칙을 유지하고자 했다. 개정판이 늦어진 것도 그 때문이다. 실천적 인문학에 대한 사회의 기대에 부응한다는 명분으로 아는 것보다 더 많은 내용을 말하거나, 연구 결과라는 이름으로 개인적인 생각을 강요하는 실수를 저지를까 봐 개정판 출간을 계속 주저하였다. 절제하지 않으면 안 된다고 생각하다 보니 초판이 나온 지 10년이 지나고 말았다. 그렇다고 그 사이에 저자의 지식이 획기적으로 늘어난 것도 아니어서 『프레임』 초판의 내용에 새로운 챕터 세 개를 추가하는 선에서 이번 개정 작업이 마무리되었다. 초판을 읽으신 독자들은 1, 5, 6장만 읽으셔도 충분하다.

특히 1장 〈프레임에 관한 프레임〉과 6장 〈'내가 상황이다'의 프레임〉을 집중적으로 읽기를 권한다. 1장에서는 프레임의 다양한 사례들을 제시하여 프레임 자체에 대한 이해를 높이기 위해 노력하였다. 다른 챕터보다 분량이 두 배 이상 길어진 것은 프레임의 개념과 본질을 자세히 설명하고 싶은 욕심 때문이었다. 6장은 이번 개정판에서 가장 강조하고 싶은 내용을 담고 있다. 우리는 자신의 행동에 영향을 주는 타인의 힘에 대해서는 민감하지만, 타인의 행동에 영향을 주는 나의 힘에 대해서는 놀라울 정도로 둔감하다. 타인의 행동을 유발하는 원인이 정작 나 자신임에도 불구하고, '원래 저 사람은 저래'라는 생각의 함정에 빠지곤 한다. 지혜와 자기 성찰의 완성은 타인에게 미치는 나의 영향력을 직시하는 것이다. 내가 누군가에게는 또 하나의 프레임이 될 수 있음을 인식한다면, 더 나은 나를 창조하려는 노력을 소홀히 할 수가 없을 것이다. 새로 추가된 6장이 이 메시지를 잘 전달했으면 좋겠다.

초판의 내용 중 시대에 맞지 않는 것들과 연구가 조작으로 밝혀져서 근거가 없는 것으로 확인된 부분들은 그에 맞게 수정하거나 삭제하였다. 이렇게 조금씩 내용을 수정하는 방향으로『프레임』을 주기적으로 개정하여, 언젠가 마음에 쏙 드는『프레임』을 완성해보겠다는 다짐을 핑계 삼아 부끄러운 마음으로 이번 개정판을 낸다.

　　『프레임』초판처럼 연구 결과에 의존하여 덤덤하게 기술하려고 했지만, 그럼에도 불구하고 마치 자기 지식이 절대적인 것처럼 믿는 무지와 반드시 실천적 메시지를 던져야 한다는 집착이 문장 여기저기에 배어 있다. 10년이라는 세월이 흘렀음에도 단단하게 축적되지 못한 지식의 얕음과, 어쩌나 쌓인 연시 같은 명성이 만들어낸 오만임을 고백하며, 독자들의 너그러운 용서를 구한다.

　　『프레임』개정판을 내기까지 분에 넘치는 사랑과 지원을 보내준 사랑하는 가족과 부모님, 서울대학교 행복연구센터, 그리고 서울대학교 사회심리연구실의 모든 분들께 감사의 말씀을 드린다. 끝으로 연구년 기간 동안 집중할 수 있도록 배려해주신 판교 에코 허브 가족들에게 감사의 마음을 담아 이 책을 바친다.

2016년 9월

최 인 철

심리학에서 배운 인생의 지혜

나는 마흔이 되어서도 나 자신이 이럴 줄은 몰랐다. 젊은 날의 나는 마흔이 되면 지금보다 훨씬 더 고상해질 줄 알았다. 마흔이 되기만 하면 어떤 마법에 걸린 것처럼 저절로 인생을 알게 되고, 다른 사람들에게 더 관대해지고, 무엇보다 더 지혜로운 사람이 될 것으로 기대했다. 그러나 마흔을 먹고 나서도 나는 그때처럼 여전히 싱거운 농담을 즐기고, 노는 것을 좋아하며, 무시당하면 발끈하는 옛 성품 그대로다.

나이가 들면 지혜로워져야 한다는 이상과 그렇지 않은 현실 속에서 내가 내린 처방은, 나 자신이 이전보다 지혜로워졌다고 느끼기에 가장 유리한 방식으로 지혜를 정의하는 것이었다.

"지혜는 한계를 인정하는 것이다."

이것이 바로 내가 내린 지혜에 대한 정의다. 나는 지혜란 자신이 아는 것과 알지 못하는 것, 할 수 있는 것과 할 수 없는 것 사이의 경계를 인식하는 데에서 출발한다고 믿는다. 이 정의에 따르면 나는 분명 젊은 날에 비하여 훨씬 더 지혜로워졌다. 왜냐하면 현재의 나는 젊은 날의 나보다는 분명히 더 자신의 한계를 잘 인식하고 있기 때문이다. 그러나 한계에 대한 이런 깨달음은 살아온 세월 때문이라기보다는 그동안 공부해온 심리학의 연구 성과들 덕분이다.

심리학은 우리 마음이 얼마나 많은 착각과 오류, 오만과 편견, 실수와 오해로 가득 차 있는지를 식나타하게 보여주는 동시에 그런 허점들이 프레임이라고 하는 마음의 창에 의해서 생겨남을 증명하고 있다. 건물 어느 곳에 창을 내더라도 그 창만큼의 세상을 보게 되듯이, 우리도 프레임이라는 마음의 창을 통해서 보게 되는 세상만을 볼 뿐이다. 우리는 세상을 있는 그대로 객관적으로 보고 있다고 생각하지만, 사실은 프레임을 통해서 채색되고 왜곡된 세상을 경험하고 있는 것이다.

프레임으로 인한 이러한 마음의 한계에 직면할 때 경험하게 되는 절대 겸손, 나는 이것이 지혜의 출발점이라고 생각한다.

우리 마음의 한계를 자각한다는 것은 역설적으로 그 한계 밖에 존재하는 새로운 곳으로의 적극적인 진군을 의미한다. 건물의 어느 곳에 창을 내더라도 세상 전체를 볼 순 없다. 그것을 알기에 건축가는 최상의 전망을 얻을 수 있는 곳에 창을 내려고 고심한다. 이렇듯 우리도 삶의 가장 아름답고 행복한 풍경을 향유하기 위해 최상의 창을 갖도록 노력해야 한다. 어떤 프레임을 통해 세상에 접근하느냐에 따라 삶으로부터 얻어내는 결과물들이 결정적으로 달라지기 때문이다. 최상의 프레임으로 자신의 삶을 재무장하겠다는 용기, 나는 이것이 지혜의 목적지라고 생각한다.[1]

이 책은 지혜에 대한 모든 것을 담고 있지는 않다. 또한 지혜로운 사람이 되기 위한 구체적인 실천론만을 담고 있지도 않다. '이렇게 살아라' '저렇게 살아라'라고 말하는 것은 내 스타일도 아니거니와 나로서는 주제넘은 일이다. 마음먹기에 관한 훌륭한 책들은 서점에 가면 얼마든지 찾아볼 수 있다. 대신 이 책은 오직 한 가지, 우리 마음의 한계성, 그것에만 집중하고자 한다. 마음먹기를 아무리 거듭해도 그 효과가 며칠 가지 않는 것은 프레임의 원리를 모르고 있는 탓이라고 확신하기 때문이다.

가능하면 많은 연구 내용을 이 책에 담으려고 애썼다. 너무 많은 정보를 제시하면 독자들이 부담스러워할 수 있다는 지적도 있었지만, 혼자 알고 있기에는 아까운 내용이 너무 많아서 부득이 욕심을 부려봤다.

사회학자 벤저민 바버(Benjamin Barber)는 다음과 같은 말을 했다.

"나는 세상을 강자와 약자, 성공과 실패로 나누지 않는다.

나는 세상을 배우는 자와 배우지 않는 자로 나눈다."

나는 이 책을 집어 든 독자들이 모두 배우는 자의 진영에 속해 있다고 믿는다. 참고문헌을 제시하여 관심 있는 독자들이 스스로 공부할 수 있도록 했다.

이 책을 쓰는 과정은 기쁨 그 자체였다. 누군가에게 꼭 들려주고 싶은 이야기가 있다는 사실이 큰 즐거움이 될 수 있음을 깨닫는 작업이었다. 마지막으로 이 즐거움과는 비교할 수 없는 큰 기쁨, 사랑하는 아내와 아이들 그리고 부모님께 진심 어린 감사의 마음을 전한다.

2007년 6월

Contents

Chapter 01
프레임에 관한 프레임

Chapter 06
'내가 상황이다'의 프레임

Chapter 07
현재 프레임, 과거와 미래가 왜곡되는 이유

Chapter 01

–

프레임에 관한 프레임

프레임은 '세상을 바라보는 마음의 창'이다.
어떤 문제를 바라보는 관점, 세상을 향한 마인드셋(mindset), 세상에 대한 은유,
사람들에 대한 고정관념 등이 모두 프레임의 범주에 포함되는 말이다.
마음을 비춰보는 창으로서의 프레임은
특정한 방향으로 세상을 보도록 이끄는 조력자의 역할을 하지만,
동시에 우리가 보는 세상을 제한하는 검열관의 역할도 한다.

세상을 보는 마음의 창, 프레임

프레임에 관한 가장 흔한 정의는 창문이나 액자의 틀 혹은 안경테다. 모두 '보는(seeing)' 것과 관련이 있다. 프레임은 뚜렷한 경계 없이 펼쳐진 대상들 중에서 특정 장면이나 대상을 하나의 독립된 실체로 골라내는 기능을 한다.

광활하게 펼쳐진 풍경 중 어느 곳을 찍을지 고민하는 사람이 양손의 엄지와 검지로 사각 프레임을 만들어서 여기저기 대보는 장면을 상상해보라. 동일한 풍경을 보고도 사람들마다 찍어낸 사진이 다른 이유는 그들이 사용한 프레임이 다르기 때문이다. 물리학에서도 기준틀(혹은 준거 체계, Frame of Reference)이라는 용어를 쓰는데, 이 역시 세상을 관찰하는 데 사용되는 특정한 관점을 의미한다. 정확히는 어떤 물체의 위치와 운동을 표현하는 좌표(X축과 Y축)를 뜻한다.

프레임은 한마디로 '세상을 바라보는 마음의 창'이다. 어떤 문제를 바라보는 관점, 세상을 향한 마인드셋(mindset), 세상에 대한 은유, 사람들에 대한 고정관념 등이 모두 프레임의 범주에 포함되는 말이다. 프레임은 특정한 방향으로 세상을 보도록 이끄는 조력자의 역할을 하지만, 동시에 우리가 보는 세상을 제한하는 검열관의 역할도 한다.

핑크대왕 퍼시

서양 동화 중에 『핑크대왕 퍼시(*Percy the Pink*)』라는 재미있는 작품이 있다.

퍼시는 핑크색을 광적으로 좋아하여 자신의 옷을 포함한 모든 소유물을 핑크색으로 보유하고 있었다. 심지어 매일 먹는 음식도 핑크 일색이었다. 그러나 핑크대왕은 이것만으로 만족할 수 없었다. 성 밖에 핑크가 아닌 다른 색들이 수없이 존재하고 있었기 때문이다. 고민 끝에 핑크대왕은 백성들의 모든 소유물을 핑크로 바꾸게 하는 법을 제정했다. 왕의 일방적인 지시에 일부는 반발했지만 백성들은 어쩔 수 없이 옷과 그릇, 가구 등을 모두 핑크색으로 바꾸었다.

그러나 핑크대왕은 여전히 만족하지 않았다. 세상에는 아직도 핑크가 아닌 것들이 존재하고 있었기 때문이었다. 이번에는 나라의 모든 나무와 풀과 꽃, 동물까지도 핑크색으로 염색하도록 명령했다. 대규모 군대가 동원되어 산과 들로 다니면서 모든 사물을 핑크색으로 염색하는 진풍경이 연출되었다. 심지어 동물들은 갓 태어나자마자 곧바로 핑크색으로 염색되었다.

드디어 세상의 모든 것이 핑크로 변한 듯 보였다. 그러나 단 한 곳, 핑크로 바꾸지 못한 곳이 있었으니 바로 하늘이었다. 제아무리 무소불위의 권력을 가진 왕이라도 하늘을 핑크로 바꾸는 것은 불가능한 일이었다. 며칠을 전전긍긍했지만 뾰족한 수가 떠오르지 않자, 핑크대왕은 마지막으로 자신의 스승에게 방법을 찾아내도록 명령했다. 밤낮으로 고심하던 스승은 마침내 하늘을 핑크색으로 바꿀 묘책을 찾아내고는 무릎을 쳤다.

핑크대왕 앞에 나타난 스승은 "이미 하늘을 핑크색으로 바꿔놓았으니 준비한 안경을 끼고 하늘을 보라"고 했다. 핑크대왕은 반신반의하면서도 스승의 말을 따라 안경을 끼고 하늘을 올려다봤다. 그런데 이게 어찌 된 일인가? 구름과 하늘이 온통 핑크색으로 변해 있는 것이 아닌가.

스승이 마술이라도 부려서 하늘을 핑크색으로 바꿔놓은 것일까? 아니다. 스승이 한 일이라곤 핑크빛 렌즈를 끼운 안경을 만든 것뿐이었다. 하늘을 핑크로 바꾸는 것이 불가능했기에, 대신 하늘을 핑크색으로 보이게 할 방법을 찾아냈다. 핑크대왕은 크게 기뻐하며 그날 이후 매일 핑크 안경을 끼고 행복한 나날을 보냈다. 백성들은 더 이상 핑크색 옷을 입지 않아도 되었고, 동물들도 핑크색으로 염색할 필요가 없었다. 핑크 안경을 낀 대왕의 눈에는 세상은 언

제나 핑크였다.[1]

우리도 각자의 안경으로 세상을 보고 있다는 점에서 핑크대왕 퍼시와 별반 다르지 않다.

프레임의 역할

그림의 중앙에 있는 원을 보자. 왼쪽과 오른쪽 중 어떤 원이 더 클까? 두 원의 실제 크기는 같다. 그러나 왼쪽 원이 오른쪽 원보다 커 보인다. 같은 대상이라도 어떤 틀 속에 넣고 보느냐에 따라 다르게 보일 수 있음을 보여주는 간단한 예다. 이 틀을 심리학에서 프레임 이라고 부른다.

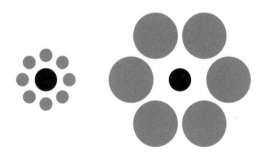

프레임에 대한 철학적 정의는 다음과 같다.[2]

"사람의 지각과 생각은 항상 어떤 맥락, 어떤 관점 혹은 일련의 평가 기준이나 가정하에서 일어난다. 그러한 맥락, 관점, 평가 기준, 가정을 프레임이라고 한다."

'지각과 생각'은 인간의 모든 정신 활동을 뜻한다. 따라서 위의 정의에 따르면 우리의 모든 정신 활동은 진공 상태에서 일어나는 것이 아니라, 어떤 맥락과 가정하에서 일어난다. 대상을 있는 그대로 보는 것이 아니라 이미 어떤 관점과 기준 그리고 일련의 가정을 염두에 두고 본다는 것이다. 한마디로 우리가 안경을 쓰고 세상을 보고 있음을 의미한다. 간혹 어떤 사람이 자신은 어떤 프레임의 지배도 받지 않고 세상을 있는 그대로, 개관적으로 본다고 주장하는 데, 그 주장은 진실이 아닐 가능성이 매우 높다.

그렇다면 프레임이 하는 역할은 무엇일까? 다시 철학 사전을 들여다보자.

"프레임은 우리가 지각하고 생각하는 과정을 선택적으로 제약하고, 궁극적으로는 지각과 생각의 결과를 결정한다."

프레임은 우리가 무엇을 '보는지', 어떤 '판단'을 내리는지, 어떤 '행동'을 하는지, 그 모든 과정을 특정한 방향으로 유도하고, 결국 특정한 결과를 만들어낸다. 모든 정신 과정을 프레임이 '선택적'으로 제약하기 때문에, 우리가 어떤 프레임을 가지고 있느냐에 따라서 처음부터 전혀 보지 못하는 대상과, 고려조차 하지 못하는 선택지가 존재할 수 있다. 예를 들면, 어떤 일을 해야 하는 이유를 보게 하는 프레임을 가지고 있는 사람은 하지 말아야 할 이유를 처음부터 보지 못하고, 하지 말아야 할 이유를 보게 하는 프레임을 가지고 있는 사람은 그 일을 왜 해야 하는지에 대한 이유를 처음부터 찾지 못한다.

프레임에 관한 철학적 정의를 더 쉽게 이해하기 위해서는 프레임이 일상에서 어떻게 작동하는지 구체적으로 들여다볼 필요가 있다.

프레임은 맥락이다

몇 년 전에 저자가 서울대 캠퍼스에서 경험한 에피소드다. 어떤 차가 주차 구역이 아닌 곳에, 심지어 보행자들의 통행로까지 침범한채 비스듬히 주차되어 있었다. 함께 가던 지인들은 "누가 이따위로 주차했을까?" "참 개념 없다" 하면서 일제히 운전자의 흉을 보기 시작했다. 누가 봐도 개념 없는 주차임이 틀림없었다. 그런데 공교롭게도 저자는 차 주인이 그렇게밖에 주차할 수 없었던 이유를 알고 있었다. 뿐만 아니라 그 사람이 개념 없는 사람이 아니라는 사실을 알고 있었기에 지인들에게 숨겨진 사정을 자세히 설명해주었

<〈그림 1〉>　　　　〈그림 2〉

다. 그날 학교 주차장은 만차 상태였고 도로 주변에도 주차할 곳이 전혀 없었다. 그나마 남은 공간이라곤 〈그림 1〉에서 보는 것처럼 두 차 사이의 좁은 공간뿐이었다. 차 한 대가 일직선으로 들어갈 수 없는 공간이었다. 강의 시간에 쫓긴 나머지 그 사람은 두 차 사이의 그 좁은 공간에 자신의 차를 45도로 비스듬하게 세워놓고 강의장으로 떠날 수밖에 없었다. 그 상황에서 택할 수 있는 최선의 선택이었고 기발한 발상이었다.

문제는 퇴근 시간이 가까워지면서 양옆의 두 차가 빠져나가자 생겨났다. 그 차만 덩그러니 남고 나니 누가 봐도 영락없이 '개념 없는 주차'가 되고 말았다. '두 차 사이'라는 맥락이 있었을 때는 '기발한 주차'였던 것이, '두 차 사이'라는 맥락이 사라지자 '개념 없는 주차'가 된 셈이다. 길 가던 사람들이 '두 차 사이'라는 맥락에서 그 차를 봤다면 필경 '캠퍼스의 심각한 주차난'을 생각했을 것이다. 그러나 그 맥락이 사라지자 캠퍼스의 주차난이 아니라 개념 없는 한 운전자가 부각되었다(이쯤 되면 독자들도 이미 짐작했겠지만, 그 차는 저자의 차였다).

이처럼 프레임의 가장 빈번한 형태는 맥락으로 나타난다. 가끔 어떤 사람의 발언을 앞뒤 맥락 다 자르고 보도하거나 보여줌으로써 진의를 왜곡하는 '악마의 편집'이 문제가 되곤 하는데, 이는 맥락이 얼마나 강력하게 프레임으로 작동하는지를 보여주는 사례다.

"다수를 위해서는 때로 소수가 희생될 수 있다."

이 주장에 찬성하는가, 반대하는가? 답을 하기가 쉽지 않다. 그 이유는 맥락이 주어져 있지 않기 때문이다. 그러나 구체적인 맥락이 제공되면 이 질문에 대한 답은 쉬워진다. 유명한 트롤리 딜레마(Trolley Dilemma)의 맥락에서 이 질문을 살펴보자.[3]

달리던 트롤리가 고장이 나서 내부에서는 방향을 조절할 수 없게 되었다. 트롤리의 방향을 조절할 수 있는 유일한 길은 철로 옆의 막대기 스위치를 올리는 것. 이 스위치를 올리면 트롤리는 현재의 진행 방향을 바꿔서 오른쪽 선로로 진행하고, 가만두면 왼쪽으로 진행한다. 왼쪽 선로에서는 다섯 명의 인부가 공사 중이다. 이들은 트롤리가 오는 것을 모르고 있기 때문에 가만히 놔두면 모두 죽을 수 있는 상황이다. 만약 트롤리가 오른쪽으로 방향을 바꾸면 거기서 공사를 하고 있는 한 사람만 죽고, 왼쪽 선로에서 일하던 다섯 명은 살게 된다. 당신이라면 어떻게 하겠는가?

〈트롤리 딜레마〉

연구에 의하면 이 맥락에서는 연구 참여자 중 다수가 기차의 방향을 바꾸겠다고 선택한다. 그 어느 쪽도 절대적으로 옳다고 할 수는 없지만, 다수를 위해서 소수가 희생되는 것이 정당화될 수 있다고 생각하기 때문이다.

이제 맥락을 바꿔보자.

트롤리가 고장 난 상태라는 것과 그대로 두면 선로에서 일하던 인부 다섯 명이 죽게 된다는 점은 동일하다. 다만 이번에는 기찻길 위 다리에 당신이 서 있고, 당신 앞에는 건장한 남자가 서 있다. 만일 당신이 뒤에서 그 남자를 밀면 그 남자는 선로로 떨어지고, 트롤리는 그 남자를 치면서 멈출 것이다. 결과적으로 다섯 명의 인부는 살게 된다. 이 경우라면 어떻게 하겠는가? 가만히 있음으로써 다섯 명의 인부를 죽게 둘 것인가, 아니면 당신 앞의 남자를 밀어서 다섯 명을 살릴 것인가? 연구에 따르면 이 경우에는 소수만이 다리 위의 남자를 희생시키겠다고 선택한다. 아무리 다수를 위한다고 해도 소수를 희생시키는 일을 정당화할 수 없다고 생각하기 때문이다.

왜 전자의 경우에는 다수를 위해서 소수가 희생되어도 좋다는 선택을 하고, 후자의 경우에는 어떤 경우에라도 다수를 위한다는 명목으로 소수가 희생되어서는 안 된다는 선택을 하게 될까? 우리의 변덕 때문일까? 아니다. 프레임, 즉 맥락이 다르기 때문이다. 맥락을 고려하지 않고 어떤 판단을 내리기란 어렵고, 맥락을 공유하지 않은 사람들끼리 의견의 일치를 보기란 불가능에 가깝다.

우리는 다수를 위해서는 소수가 희생되어도 된다고 생각하는 존재이면서, 동시에 어떤 경우에라도 다수를 위한다는 명분으로 소수가 희생되어서는 안 된다고 생각하는 이중적인 존재다. 프레임의 변화, 즉 맥락의 변화는 이처럼 우리에게 다양한 얼굴들을 만들어낸다. 그러므로 선거에 당선된 뒤 생각이 달라진 정치인에게 변절자란 말을 쉽게 쓰는 것은 적절치 않다. 그가 후보로서 접하던 맥락과 실무자로서 접하는 맥락이 다를 수 있기 때문이다. 승진 전과 후의 모습이 달라지는 것, 결혼 전과 후의 모습이 달라지는 것도 같은 이유다. 어떤 상황에 처하기 전에는 보지 못하던 것들이 이후의

맥락에서는 보이게 마련이다. 역지사지의 심정이란, 다름 아닌 상
대의 맥락을 이해해주는 것이다.

　2012년 대선 기간에 두 명의 서울대 법대 동기생 간에 '친구' 논
쟁이 벌어졌다. 둘은 각기 다른 후보의 대선 캠프에서 활동하고 있
었다. 한 명이 다른 한 명에게 전화를 걸어 상대 후보의 자진사퇴
를 요구한 것이 화근이었다. 사퇴 요구를 받은 동기가 이를 정치공
작으로 규정하고 언론에 폭로하면서 심각한 스캔들로 비화되었다.
초기에는 발언의 사실 여부를 두고 논쟁이 벌어졌지만, 그 발언의
사실 관계가 명백해지자 전화를 건 사람은 "친구끼리 사적으로 주
고받은 이야기를 왜 이렇게까지 하는지 모르겠다."라고 새로운 주장을 펴
기 시작하였다. 그러면서 두 사람이 얼마나 막역한 사이인지 증명
하려 안간힘을 썼다. 이에 대해 상대방은 "같은 학과를 나온 동기
사이인 것은 맞지만 '친구'는 아니다"라고 부정하였다.
　왜 한 사람은 그들의 관계를 친구 사이라고 주장하고, 다른 사람
은 친구가 아니라고 주장하였을까? 바로 맥락 때문이다. '친구 사
이의 사적인 대화'라는 맥락이 성립되면, 사람들은 아무리 정치적
입장이 다를지라도 친구끼리는 어떤 이야기든 편하게 할 수 있다
고 생각한다. '친구 프레임'에서 보면, 그 발언은 정치공작이나 위
협이 아니라 가벼운 농담 정도로 간주될 수 있다. 따라서 발언의 당
사자는 자기 발언의 사실 자체를 부인하기보다는, 그 발언을 보는
사람들의 시각을 바꾸기 위해 '친구 사이'라는 맥락을 이용하여 프

레임의 변화를 시도하였던 것이다. 이를 눈치챈 상대방은 이 프레임 전쟁에서 승리하기 위해 자신들이 친구 사이가 아니라고 강력하게 주장한 것이다.

프레임은 정의(definition)다

암 투병 중이신 이해인 수녀님께서 한 신문에 자신의 행복 비결에 대해 글을 연재하신 적이 있다. 그중 한 편에 나오는 이야기다. 투병 과정이 너무 힘드셨던지 수녀님도 의욕을 잃고 하루하루를 그냥 무기력하게 보내신 모양이다. 그러다 문득 "내가 허송세월하고 있는 오늘은 누군가에게는 간절했던 내일이다"라는 말을 떠올리셨다고 한다. 이후 너무나 당연한 것으로만 보이던 일상의 소소한 것들이 기적으로 다가오고, 수녀님은 본인의 삶에서 감사와 행복을 다시 찾을 수 있으셨다고 한다.

오늘＝누군가에게는 간절했던 내일

불치병으로 어제 세상을 떠난 사람과, 그를 떠나보내야만 했던 가족에게 오늘은 간절히 바라던 내일이다. '오늘'이라는 평범한 시간을 '누군가에게는 간절했던 내일'이라고 다시 정의 내리는 것, 그

것이 프레임의 또 다른 형태다. "모든 출구는 어딘가로 들어가는 입구다"라는 표현도 마찬가지다. 같은 문을 두고도 어떻게 정의하는가에 따라 출구가 될 수도 있고, 입구가 될 수도 있다. 프레임은 대상에 대한 정의다. 따라서 프레임을 바꾼다는 것은 대상에 대한 정의를 바꾼다는 의미다.

한 연구에서 초콜릿의 맛을 평가하는 실험을 했다.[4] 연구진은 참가자들에게 한 번에 초콜릿 하나씩을 주면서 "자, 이번에 먹을 초콜릿입니다"라고 말했다. 초콜릿을 먹은 다음에는 각 초콜릿의 맛을 평가하도록 했다.

참여자들은 자신이 총 몇 개의 초콜릿을 먹게 될지 모르고 있었다. 네 번째 초콜릿까지 먹고 평가를 마친 뒤, 절반의 사람들에게는 "자, 이번에 먹을 초콜릿입니다"라는 말과 함께 다시 초콜릿을 주었다. 반면 나머지 절반의 사람들에게는 "자, 이제 마지막 초콜릿입니다"라며 초콜릿을 제공했다. 두 집단 모두 동일한 초콜릿을 먹었지만, 한쪽은 마지막 초콜릿으로 알고 먹었고, 한쪽은 다음에도 다른 초콜릿이 제공될 것이라고 믿고 먹었다. 무슨 일이 벌어졌을까?

다섯 번째 초콜릿을 평가할 때, "자, 이번에 먹을 초콜릿입니다"라는 말을 들었던 사람들보다 "자, 이제 마지막 초콜릿입니다"라는 말을 들었던 사람들이 훨씬 긍정적으로 평가하였다! 그뿐 아니다. 지금까지 먹은 5개의 초콜릿 중 가장 마음에 드는 하나를 고르게 했다. "자, 이제 마지막 초콜릿입니다"라고 들었던 사람들 중에서는 무려 64%가 다섯 번째 초콜릿을 선택했지만, "자 이번에 먹을 초콜릿입니다"라고 들었던 사람들 중에서는 22%만이 다섯 번째 초콜릿을 선택했다. 5개 중에 1개를 임의로 선택한 것과 같은 셈이다. 똑같은 초콜릿이지만 '마지막 초콜릿'이라고 정의하면 맛에 대한 주관적인 평가까지 바뀔 수 있음을 보여주는 사례다.

어떤 것에 대하여 '마지막'이라는 가정을 갖게 되면 우리는 가장 좋은 것이 나오리라고 기대한다. 실제로 가수 조용필은 전성기 시절에 여러 명이 출연하는 공연에서 항상 맨 마지막에 등장하곤 했다. 사장님도 늘 마지막에 한 말씀 하신다. '마지막'에 대한 우리의 기대는 각별하다. 그래서 마지막이라고 정의 내리면 그 프레임은 대상에 대한 우리의 기대와 평가를 극적으로 바꿔놓는다.

노인의 행복도가 젊은이의 행복도보다 결코 낮지 않은 이유도 이와 관련이 있다. 노인들이란 '시간이 얼마 남지 않았다'라는 생각을 하면서 사는 존재들이다. 젊은이들은 그런 생각을 별로 하지 않는다. 시간이 얼마 남지 않았다는 프레임으로 세상을 살면, 매 순간순간이 중요해진다. 미래를 위해서 현재를 희생하는 일이 어리석게 느껴진다. '여기, 지금(Here & Now)'이라는 가르침은 청년들에게는 암기를 요하는 지식이지만, 노인들에게는 자연스러운 삶의 호흡이다. 노인들은 자신의 기분을 나쁘게 만드는 사람들과는 굳이 어울리지 않으려고 한다. 미움받을 용기 따위는 애초부터 필요하지 않다. '이 나이에 내가 뭣하러'라는 삶의 원칙이 생겨나기 때문에 자신의 행복을 최우선하는 선택들을 하게 된다. 반면에 시간이 얼마 없다는 생각을 별로 하지 않는 젊은이들은 미래를 위해서 고통스러운 현재를 참으려 하고, 자신을 언짢게 하는 사람도 견뎌 내려고 한다. 노인의 행복도가 젊은이와 비교해서 결코 낮지 않은 이유는 바로 그들이 지니고 있는 시간에 대한 프레임이 그들의 행복을 극대화시켜주기 때문이다.

어떤 사진작가는 자신의 서재를 '외부와의 자발적 격리'라고 정의한다. 서재를 단순히 서재라고 정의하면, 걸려 오는 전화를 아무 생각 없이 받게 된다. 그러나 '외부와의 자발적 격리'라고 정의하면, 서재에서 전화기를 끄게 된다. 어떤 사람은 자신의 업무를 '직업(job)'이라고 정의하고, 어떤 이는 '커리어(career)'라고 정의하고, 또 어떤 이는 '소명(calling)'이라고 정의한다. 이는 큰 차이를 만들어낸다. 자신의 일을 소명이라고 규정하는 사람이 직업이나 커리어라고 규정하는 사람보다 훨씬 성과가 좋을 뿐 아니라 행복감도 강하게 경험한다.

다이어트를 하기로 결심했을 때 나는 스스로를 '테이블리스트(table-ist, 식탁주의자)'라고 정의한 적이 있다. 테이블리스트는 영어 사전에 없는 단어인데, '식탁에서만 먹는 사람'을 뜻한다. 소파에서도 먹지 않고, 연구실에서도 먹지 않고, 오직 식탁에서만 먹는 사람으로 스스로를 규정하면 다이어트에 효과가 있을 것이라고 생각해서 만들어본 단어였다.

사전에는 거의 모든 사물들에 관한 정의가 실려 있다. 辭典이 死典이 되어가는 이 시대, 우리에게는 자신만의 새로운 사전이 필요하다. 사물과 상황에 대한 나만의 정의를 다시 내려보는 것, 그것이 프레임을 바꾸는 길이다.

프레임은 단어다

대상에 대한 정의가 단어들로 구성되어 있기 때문에 '프레임은 정의다'라는 말은 필연적으로 '프레임은 단어다'라는 의미이기도 하다. 한 대상을 지칭할 때 어떤 단어를 사용하느냐는 단순한 어휘 선택의 문제가 아니라 그 대상에 대한 프레임을 결정하는 중요한 행위다.

미국 보수 진영의 싱크탱크 역할을 했던 프랭크 런츠(Frank Luntz)는 '보수 진영이 쓰지 말아야 할 14개의 단어'라는 글을 쓴 적이 있다. 런츠는 어떤 단어들이 사람들에게 자동적으로 진보적 프레임을 유발한다고 주장한다.[5] 14개의 단어들이 대부분 미국 실정에 부합하는 것이라 우리에게 바로 적용되기는 어렵지만, 프레임과 단어의 관계를 실감해보기 위해 그중 하나만 살펴보기로 하자.

런츠는 보수 진영에 'undocumented workers'라는 단어를 쓰지 말라고 권한다. '미등록 이주 노동자'를 뜻하는 이 단어는 주로 남미에서 미국 국경을 몰래 넘어온 노동자를 지칭한다. 런츠에 따르면, 이 말에는 '노동자'라는 단어가 들어가 있기 때문에 그들도 보호받아야 한다는 진보적 시각을 자연스럽게 유발한다. '미등록 이주 노동자'라는 단어에서 불법체류자의 이미지를 떠올리는 것이 아니라, 합법적인 절차를 갖추지는 않았으나 노동에 대한 권리를 보장받아야 하는 사람들이라는 생각을 하게 된다는 것이다. 보수 진영 사람들이 주장하는 중요한 논리 중 하나가 미국 국경의 안전인데, 'undocumented workers'라는 단어를 가지고는 국경의 안전 문제를 효과적으로 홍보하기가 어렵다. 그래서 런츠는 'undocumented workers' 대신에 'illegal alien(불법체류자)'이라는 말을 쓰라고 제안한다. 에일리언(alien)이라는 말은 외계인이라는 뜻도 있지만 국적과 관련해서는 다른 의미로 쓰인다. 비자를 받고 다른 나라에서 합법적으로 일하면 '합법체류자(legal alien)'이고, 비자 없이 체류하면 '불법체류자(illegal alien)'이다. 불법체류자라는 단어를 쓰면 국경을 몰래 넘거나 배 밑에 숨어서 플로리다 해안으로 들어오는 사람들을 떠올리게 되고, 국경을 제대로 지켜야 한다는 보수적인 생각을 자연스럽게 유도한다는 것이 런츠의 주장인데, 꽤 설득력이 있다.

프레임 싸움은 '단어 싸움'이다.

- 민주주의에 반대하는 연설을 '허용'해야 한다고 생각하십니까?
- 민주주의에 반대하는 연설을 '금지'해야 한다고 생각하십니까?

위의 두 질문은 같은 것을 묻고 있다고 보인다. 둘 중 어떤 질문을 던졌을 때 민주주의에 반대하는 연설을 인정해야 한다는 의견이 많이 나올까? 연구에 따르면, 답은 두 번째 질문이다.[6] '금지'는 매우 강한 단어다. 따라서 민주주의에 반대하는 연설을 금지해야 하는지 물으면, '아무리 그래도 금지까지야…' 하면서 동의하지 않을 가능성이 높다. 같은 질문인 듯 보이지만 실상 다른 단어를 사용하여 다른 프레임을 유도한 결과다. 따라서 표현의 자유를 지지하는 의견을 이끌어내기 위해서는 전자보다는 후자처럼 질문하는 것이 유리하다.

어느 여중생의 재미있는 질문 하나가 인터넷에 올라온 적이 있다. 이 여학생은 무기공학과에 관심이 많아서 서울 소재 한 대학의 사이트에서 그 과를 찾아봤는데 무기공학과는 없고 대신 무기재료 공학과가 있었다며 두 학과의 차이를 알려달라고 했다. 그런데 그 질문의 마지막이 압권이다.

"두 학과 모두 무기를 만드는 학과로는 알고 있는데요…."

이쯤에서 웃지 않는 독자는 문과 출신인 것이 분명하다. 이 여학생은 무기공학과는 무기(武器)를 직접 만들고, 무기재료공학과는 무기의 재료를 만드는 학과로 알고 있었던 것 같다. 그러나 여기서 말하는 무기는 싸울 때 쓰는 병기가 아니라 유기(organic, 有機)의 반대 개념인 무기(inorganic, 無機)다. '세라믹'쯤으로 생각하면 이해가 쉬울 것이다. 그러니까 무기재료는 무기를 만드는 재료가 아니라 유기재료의 반대를 의미한다.

서울대에 무기재료공학과가 생긴 해가 1983년이다. 그런데 알고 보니 이 학과는 그해에 처음 생긴 것이 아니라, '요업공학과'라는 학과가 이름을 바꾼 것이었다. 요업공학과 vs. 무기재료공학과. 어느 학과가 더 매력적으로 들리는지, 어느 학과의 입학 점수가 더 높을지 따져보라. 이름을 바꿔서 이미지를 바꾼 것은 학과만이 아니다.

미국 국방부의 원래 이름은 'Department of War'였지만 지금은 'Department of Defense'다. 이름을 바꾸기 전에는 "우리는 전쟁을 일으키지 않고 평화적인 노력을 하는 부서이며, 선제공격을 하지 않고 공격받을 때 대응하는…"이라고 아무리 설명을 해도 효과가 없었다. 그런데 방어하는(defense) 부서로 이름을 바꾸자 큰 노력 없이도 이미지가 긍정적으로 바뀌었다. 요즘에는 빈곤 국가도 'poor nations'라는 단어보다 'emerging nations(개발도상국)'라는 단어로 대체되고 있다. 죽은 후에라야 수령할 수 있는 보험이 '사망보험(death insurance)'에서 '생명보험(life insurance)'으로 바뀐 것도 같은 사례다.

정권이 바뀌면 단어부터 바뀐다. '참여' '혁신'이라는 말은 '행복' '창조'라는 말로 대체되었다. 조만간 이 용어들 역시 바뀌게 될 것이다. 단어를 바꾸지 않고서는 국가의 프레임을 바꾸기 어렵다는 것을 정치인들은 오랜 경험을 통해 터득하였다. '행정안전부'가 '안전행정부'로 바뀐 적이 있다. 이후 2014년에는 '행정자치부' '인사혁신처' '국민안전처'로 각각 분리되어 이름표를 바꿔 달았다. 얼핏 보면 말장난 같고 탁상공론인 것 같지만, 프레임을 바꾸기 위한 노력의 일환으로 인정해줄 필요가 있다. 단어가 곧 프레임이기 때문이다.

프레임은 질문이다

프레임이 질문이라는 점은 아무리 강조해도 지나치지 않다. 질문은 내용도 중요하지만, 순서 역시 이에 못지않다.

다음에 소개할 연구는 원래는 조사 방법론에 관한 것이지만, 프레임과 질문 사이의 깊은 관련성을 잘 보여준다. 연구자들은 행복에 미치는 데이트의 중요성을 알아보기 위하여 두 가지 질문을 미혼자들에게 던졌다.[7]

> **A 질문지**
> - 당신은 요즘 얼마나 행복하신가요?
> - 당신은 지난달에 데이트를 몇 번 했나요?

분석 결과, 데이트 횟수와 행복 사이에는 약 0.1 정도의 상관관계가 있는 것으로 밝혀졌다. 데이트 빈도가 행복에 영향을 주기는 하지만 강한 영향력을 행사하지는 않는다고 볼 수 있는 결과였다. 그런데 이 연구자들은 같은 질문을 또 다른 미혼 남녀에게 순서만 달리해서 물었다.

> **B 질문지**
> • 당신은 지난달에 데이트를 몇 번 했나요?
> • 당신은 요즘 얼마나 행복하신가요?

　그랬더니 행복과 데이트 사이의 상관관계가 0.6으로 높게 나타났다. 이 정도의 상관관계라면, 행복에 미치는 데이트의 힘은 크다고 할 수 있다. 질문을 A와 같은 순서로 던지면 행복과 데이트의 관계는 약한 것으로 결론지어졌을 테고, 만일 B의 순서라면 둘의 관계는 상한 것으로 결론 내려졌을 것이다. 이 실험 결과는 조사에서는 질문의 내용뿐 아니라 질문의 순서도 중요함을 보여준다.

　질문의 순서가 중요한 이유는 앞의 질문이 뒤에 나오는 질문을 해석하는 프레임으로 작동하기 때문이다. A의 경우에 행복과 데이트 사이의 상관관계가 약한 이유는, 첫 번째 질문에 자신이 행복하거나 불행하다고 답했다고 해서, 지난달 데이트 횟수를 왜곡할 수는 없기 때문이다. 그러나 B의 경우, 지난달에 데이트를 많이 했다고 답한 사람은 자신의 행복을 '데이트 프레임'으로 보게 되기 때문에 행복하다고 판단할 가능성이 높다. 같은 논리로, 남자 친구나 여자 친구가 없어서 데이트를 못한 사람도 '데이트 프레임'으로 자신의 삶을 보기 때문에 별로 행복하지 않다고 말할 가능성이 높다. 따라서 둘 사이의 상관관계가 높아진다.

내가 얼마나 행복한지를 판단하는 데 영향을 주는 요소는 돈, 건강, 가족, 일, 날씨 등등 매우 많다. 그러나 데이트를 몇 번 했는지 묻고 나면, 그 많은 요소들 중에서 데이트가 삶을 바라보는 주된 프레임으로 작동한다. 그 결과, 데이트 횟수에 따라 자신의 행복을 평가하는 상황이 벌어진다.

이 연구는 중요한 사실 하나를 추가로 보여준다. 바로 내가 얼마나 행복한지를 판단하기 직전에 던진 질문이 내 인생을 평가하는 주된 프레임이 된다는 사실이다. 그렇다면 바로 직전에 던지는 질문은 어떤 것일까? 당연히 평소에 자주 던지는 질문일 가능성이 높다. 평소 데이트에 관한 질문을 많이 한다면, 어느 순간에든 그 사람이 던지는 질문을 조사해도 역시 데이트 관련 질문일 가능성이 높다. 돈에 관한 질문을 자주 던지는 사람이라면 그 사람이 어느 순간에 던지는 질문 역시 돈에 관한 것일 가능성이 높다.

따라서 평소에 자신이 자주 던지는 질문을 점검해야 한다. 자기 삶에 대한 평가가 시시하다면 내가 시시한 질문을 던지고 있기 때문인지도 모른다. 답이 안 나오는 인생을 살고 있다면, 질문에 문제가 있을 가능성이 있다. 무언가 더 나은 답을 찾고 싶은 사람은 세상을 향해 던지고 있는 질문부터 점검해야 한다.

"나는 세상을 강자와 약자, 성공과 실패로 나누지 않는다.
나는 세상을 배우는 자와 배우지 않는 자로 나눈다."

『프레임』 초판 서문에서 소개했던 벤저민 바버의 말이다. 이 말은 바버가 세상에 던지고 있는 질문이 무엇인지를 짐작케 한다. 바버는 누군가를 처음 만났을 때 그가 성공한 사람인지 힘 있는 사람인지가 궁금한 것이 아니라, 그가 현재 배우고 있는 사람인지 배우기를 멈춘 사람인지가 궁금하다. "저 사람은 돈이 많을까?"라는 질문과는 비교도 되지 않을 만큼 아름다운 질문이다. 아름다운 사람은 머문 자리만 아름다운 것이 아니라 던지는 질문도 아름답다.

질문이 프레임에 얼마나 중요한지를 더욱 실감하기 위해서 예전에 방송된 MBC의 〈나는 가수다〉(이하 〈나가수〉)라는 프로그램의 에피소드 하나를 살펴보자. 이 프로그램 초반에 〈나가수〉 참가자들을 일순간 위기에 빠트린 사건이 벌어졌다. 비교 가수 김건모의 탈락과 재도전이었다. 국민가수 김건모가 청중 투표단에 의해 꼴찌로 선정되어 탈락하자, 함께 경합했던 후배 가수들은 물론 투표에 직접 참가했던 청중들까지 모두 패닉 상태에 빠졌다. 한 후배 가수는 "내가 제일 좋아하는 가수인데, 어떻게 김건모가 떨어져!"라며 절규에 가까운 반응을 보였다. 김건모는 과연 어떻게 떨어진 것일까? 왜 사람들은 김건모의 탈락에 그토록 놀랐을까?

여기에 질문의 힘, 즉 프레임의 힘이 숨어 있다. 초기 〈나가수〉에서는 경연이 끝난 후에 노래를 가장 잘 부른 사람을 방청객들이 선택하게 했다. 그러니까 실상 김건모가 꼴찌로 선정되는 과정에서 작용한 질문은 "가장 잘한 사람은?"이었지, "가장 못한 사람은?"이 아니었다는 이야기다. 처음부터 "오늘 가장 못 불러서 탈락해야 할 사람은?"이라고 질문했더라면 김건모는 탈락하지 않았을 수도 있다. 아무리 그날 김건모의 노래가 별로였다고 해도 김건모를 탈락자로 지목하기는 쉽지 않기 때문이다. 처음부터 "노래를 제일 못해서 탈락해야 할 사람은?"이라고 물었더라면 "어떻게 김건모가 떨어져?"라는 반응이 성립될 수 있지만, 가장 잘한 사람을 묻고 나서 "어떻게 김건모가 떨어져?"라고 되묻는 반응은 모순인 셈이다. 가장 노래를 잘 부른 참가자를 묻는 질문에 가장 못 부른 사람을 물었던 것처럼 모두가 반응한 것이다.

사소해 보이는 질문의 차이가 프레임을 바꾸고 그 결과가 큰 파장을 가져올 수 있음을 이미 정치권에서 경험한 바 있다. 2002년과 2012년의 야권 대선 후보 단일화 과정은 질문을 통한 프레임의 위력을 잘 보여준다.

2012년 대선에 출마한 문재인 후보와 안철수 후보는 단일화 질문에 대한 이견을 좁히지 못했다. 결국 안철수 후보의 일방적인 양보로 애초에 기대했던 소위 '아름다운 단일화'는 일어나지 않았다. 문재인 후보는 야권 단일 후보로 "누구를 지지하느냐?"를, 안철수 후보는 "박근혜 후보와의 대결에서 경쟁력 있는 후보는 누구인가?"를 택해서 여론 조사를 진행하고 싶어 했다.

얼핏 보면 그 말이 그 말인 것 같지만, "누구를 지지하느냐?"와 "누가 경쟁력이 있느냐?"라는 질문은 두 후보를 평가하는 프레임을 완전히 바꾸어놓는다. 이를 잘 아는 두 후보로서는 양보할 수 없는 프레임 전쟁이었다. 이미 2002년 단일화 과정의 우여곡절을 지켜본 경험이 있기에 양측은 더욱 양보할 수 없었다.

2002년의 상황도 크게 다르지 않았다. 당시 노무현 후보는 '지지도' 질문을 원했고, 정몽준 후보는 '경쟁력' 질문을 원했다. 팽팽히 맞서던 양측은 두 질문을 절충하는 방식으로 타협하여 막판에 극적으로 단일화가 성사되었다. "한나라당의 이회창 후보와 '경쟁'할 단일 후보로서 노무현 후보와 정몽준 후보 중 누구를 '지지'하겠습니까?"

결과적으로는 노무현 후보에게 유리한 질문이 만들어진 셈이었다. 질문이 대통령 후보를, 아니 대통령까지 바꿀 수 있음을 똑똑히 보았기 때문에, 2012년 문재인 후보의 안철수 후보는 각자 자신에게 유리한 질문을 결코 포기할 수 없었던 것이다.

'프레임=질문'임을 보여주는 또 다른 사례가 있다. 서울시 무상급식 주민 투표다. 당시 서울시 교육청에서는 무상급식을 주장하였고, 서울시가 여기에 반대하면서 우리 사회에 정책 포퓰리즘 논쟁의 불이 붙었다. 이 과정에서 오세훈 전 서울시장이 사퇴했고, 이는 그 후 일련의 정치적 변화들을 일으킨 계기가 되었다. 주민 투표가 결정되었을 때 대부분의 사람들은 이 투표를 무상급식에 대한 찬성 혹은 반대를 묻는 투표라고 생각했다. 다음과 같은 투표를 예상한 것이다.

Q 당신은 무상급식에 찬성하십니까, 반대하십니까?

A 찬성 (   ) 반대 (   )

그런데 서울시에서 확정한 주민 투표 문구는 이런 예상을 완전히 뒤집어놓았다. 서울시에서 공개한 실제 주민 투표 문구는 다음과 같았다.

A 소득 구분 없이 모든 학생을 대상으로 초등학교는 2011년부터, 중학교는 2012년부터 전면 무상급식을 실시한다. (   )

B 소득 하위 50퍼센트 학생을 대상으로 2014년까지 단계적 무상급식을 시행한다. (   )

찬성/반대 질문으로 치자면 A가 서울시 교육청 안으로 '찬성'에 해당하고, B는 서울시 안으로 '반대'에 해당한다. 그런데 왜 서울시는 찬성/반대 질문 대신 위와 같은 '전면 무상급식 vs. 단계적 무상급식' 질문을 사용했을까?

대개의 경우 사람들은 어떤 이슈이든 '전면적'이라는 말보다는 '단계적'이라는 말에 안심한다. 급격한 변화에 대해 본능적으로 불안과 불확실성을 느끼기 때문이다. 따라서 찬성/반대로 물었을 때 '반대'(서울시 안)가 나올 가능성보다는, '전면적 vs. 단계적'으로 물었을 때 '단계적'(서울시 안)이 나올 가능성이 높을 수밖에 없다. 뒤늦게 이를 눈치챈 야당, 시민단체, 서울시 교육청은 이 질문지를

"꼼수"라고 비난했지만, 실은 사고의 전환을 유도하려는 서울시의 고도의 프레임 전략이라고 볼 수 있다.

프레임은 은유(metaphor)다

친한 교수님이 생일에 관해 들려준 에피소드다. 그 교수님의 부친은 3성 장군으로 전역하셨다. 장군 출신이시니 그분의 일상 곳곳에 군인 정신이 배어 있으리라는 것은 익히 짐작할 수 있다. 아들의 생일 아침에 보는 가족을 보아놓고 저녁 식사를 함께 하기로 하면서 이렇게 말씀하셨다고 한다.

"오늘 ○○의 생일이니, 모두 18시까지 집으로 집합!"

일반인은 오후 6시를 18시라고 하지 않는다. 군인은 인생을 '전투'에 비유한다. 인생에는 승자와 패자가 있고, 선공(先攻)을 해야 할 때와 때를 기다려서 역습(逆襲)을 해야 할 때가 있다고 본다. 그들에게 가정은 병참을 담당하는 보급처이고, 남자는 최전선에서 싸우는 전사이며, 대학 입시는 전투의 승패를 가르는 한판 승부다. 회사의 CEO는 장수이고, 라이벌 회사의 CEO는 적장이며, 회사 간 경쟁은 고지를 선점하기 위한 전투인 것이다. 이렇듯 모든 것이

전투로 비유된다.

은유의 사전적 정의는 다음과 같다.

> **은유**(隱喩, metaphor)
> 전달할 수 없는 의미를 표현하기 위하여 유사한 특성을 가진
> 다른 사물이나 관념을 써서 표현하는 어법(語法)

은유는 크게 보면 비유에 속하기 때문에, 비유의 뜻을 살펴보면 은유가 프레임으로 작동한다는 말을 실감할 수 있다.

> **비유**(比喩)
> 어떤 현상이나 사물을 직접 설명하지 아니하고 다른 비슷한
> 현상이나 사물에 빗대어서 설명하는 일

사람들은 어떤 대상을 직접적으로 표현하기가 어려울 경우 비유를 들어 설명하거나 이해하려 한다. 그런데 어떤 실체에 대한 이해를 돕기 위해 도구로 사용하는 비유가 사람들이 그 실체를 바라보는 프레임을 완전히 바꿔놓는다. 인생에 대한 접근 방식이 다른 사람들을 보면 그들이 인생에 대해 갖고 있는 비유가 다른 경우가 많다.

야구 감독은 '인생＝야구'라는 은유를 사용한다. 실제로 야구는

미국 사회에서 매우 중요한 은유다. 심지어 남녀관계를 설명할 때도 미국인들은 야구 은유를 자주 사용한다. 손을 잡았을 때는 "1루를 훔쳤다"고 이야기하고, 키스를 하면 "2루에 도달했다"라고 하는 식이다.

우리라고 예외는 아니다. 인생의 고비에서 반전을 만들어내는 것을 "역전 홈런" "굿바이 홈런"을 날린다고 하고, 누군가에게 도움을 청할 때 "소방수" "구원투수"가 되어달라고 한다. 고등학교 때부터 야구광이었던 한 경제부 장관은 기자회견에서 이렇게 말했다. "우리 경제가 모든 공을 받아내는 포수처럼 든든해야 합니다." 그는 나라의 경제도 야구 게임처럼 보고 있었던 것이다.

개인이나 조직이 어떤 은유를 사용하는지를 보면 그들의 프레임을 알 수 있다. 김난도 교수의 저서 『아프니까 청춘이다』에는 하루를 인생 시계에 비유하는 대목이 나온다. 인생을 80이라고 보면 마흔 살은 12시에 해당하고, 스무 살은 겨우 아침 6시에 해당한다. 스무 살에 좌절하고 있는 청춘을 향해 김난도 교수는 매섭게 야단친다. "아침 6시에 오늘 하루가 절망이라고 좌절하는 그대는 제정신인가?"라고.

학생과 교수의 관계에 대한 비유 중에 우리 사회에서 흔히 사용하는 표현이 '군사부일체(君師父一體)'다. 스승을 왕과 아버지에 비유하는 것이다. 이 비유 때문에 어느 문화권에서보다도 우리나라에서는 스승이 존경받는다. 그러나 바로 이 비유 때문에 학생들이 교사나 교수의 권위에 도전할 엄두도 내지 못한 채 '불경스러운' 일을 하지 않기 위해 침묵하는 심각한 부작용이 발생한다. 교육은 한국 사회 성장의 가장 중요한 원동력이 되어왔다. 그럼에도 불구하고 오늘날 창의성 부재라는 난제에 봉착한 주요 원인 중 하나가 바로 사제지간에 대한 이 '한국적 비유'에 있는지도 모른다.

어떤 기업은 회사를 '가족'에 비유한다. 어떤 기업은 회사를 '실험실'로 비유한다. 가족으로 비유되는 회사에서는 관계가 중시되고, 실험실로 비유되는 회사에서는 모험과 창의성이 중시된다. 가족으로 비유되는 회사에서는 위계질서와 조화가 핵심 가치가 되지만, 실험실로 비유되는 회사에서는 위계질서보다는 평등과 독립적 사고가 우선적인 가치가 된다.

개인, 가정, 조직, 국가에는 나름의 은유가 작동한다. 우리 삶을 지배하는 가장 강력한 은유는 우리가 실감하지 못할 정도로 자연스럽다. 마치 물고기가 물을 의식하지 못하는 것처럼, 우리가 그 은유 속에 살고 있는 것 자체를 인식하지 못할 수 있다. 프레임을 바꾸고 싶다면 바로 그런 은유를 찾아내서 바꾸어야 한다.

프레임은 순서다

프레임은 뜻밖의 형태로도 작동한다. 바로 '경험의 순서'다.

2012년 초에 SBS의 〈아이러브인〉이라는 강의 프로그램에 출연하게 되었다. 김난도 교수, 김정운 교수, 김상근 교수와 함께 네 사람이 한 시간씩 강의하는 포맷의 프로그램이었다. 재능 기부로 기획된 프로그램이라서 기쁜 마음으로 참여를 결정하였지만, 남모를 걱정거리가 하나 생겼다. 바로 강연 순서였다. 강연자 네 명이 각자의 형편에 따라 녹화 날짜를 정하기로 하였는데, 나로서는 어느 분 다음에 하는 것이 가장 좋을지가 큰 고민이었다.

우선 김난도 교수님 다음에 하면 안 될 것 같은 생각이 들었다. 당시 그는 『아프니까 청춘이다』로 대한민국 청춘의 멘토로서 한창 가파르고 있는 상태였다. 더욱이 그분의 강의를 직접 들어본 적이 있었기 때문에 내가 그다음에 강의하는 것은 자살골이나 다름없다는 생각이 들었다. 그렇다고 김정운 교수님 다음에 하자니 그것 역시 부담이었다. 그분의 입담과 유머 감각을 누가 따라갈 수 있을 것인가? 김상근 교수님 역시 마찬가지였다. 신학자이자 목사로서 깊은 인격과 학식을 겸비한 데다 사람의 마음을 움직이는 강의력이 있는 분이라 그다음에 강의하는 것도 쉽지 않은 일이었다. 대략 난감한 상황이었다.

어찌어찌하여 녹화 날짜가 결정되었고, 다행스럽게도 실제 방송 순서는 방송국이 판단하여 나중에 조정했다. 방송국에서도 아마 순서 결정에 고심했을 것이다.

일상에서도 순서에 대한 고민은 자주 일어난다. 프레젠테이션 순서를 결정할 때 먼저 할 것인가, 나중에 할 것인가, 누구 다음에

할 것인가 등은 누구나 하는 고민이다. 노래방에서 노래를 할 때도 마찬가지다. 우리는 도대체 왜 이런 고민을 할까?

그 이유는 앞에서 한 경험이 뒤에서 하게 될 경험을 바라보는 프레임으로 작동하기 때문이다. 『생각에 관한 생각』의 저자이자 2002년 노벨경제학상 수상자인 대니얼 카너먼(Daniel Kahneman)이 수행한 실험도 순서가 얼마나 중요한지를 잘 보여준다. 지금이야 수면내시경이 보편화되어 있지만, 카너먼은 그렇지 않던 시절에 내시경 검사를 하는 사람들을 대상으로 연구를 진행하였다.[8] 이 실험에서 연구자들은 사람들에게 내시경 검사가 진행되는 동안 느끼는 고통의 정도를 실시간으로 보고하게 하였다. 고통의 정도를 나타내는 다이얼을 손에 쥐고 있다가 고통이 심해지거나 약해지면 좌우로 다이얼을 돌리게 했다. 다음은 이 연구에 참여한 두 사람의 실시간 고통 그래프다.

A 환자의 경우 약 9분 만에 검사가 끝났지만 B 환자의 경우 25분이 지나서야 검사가 끝났다. 따라서 검사를 받는 동안 경험한 고통의 총량은 (그래프에서 색칠한 면적) A 환자보다는 B 환자에게서 압도적으로 많았다. 검사를 마친 후에는 검사에 대해 전반적인 평가를 하게 했다. 아이러니하게도 전반적인 평가에 있어서 A 환자보다 B 환자가 더 긍정적으로 평가한 것이다! 어떻게 고통을 더 많이 경험한 환자가 고통을 적게 경험한 환자보다 검사를 더 좋게 평가하였을까?

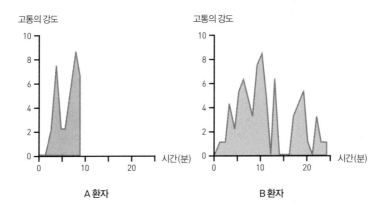

〈실시간 고통 그래프〉

고통의 강도 · A 환자

고통의 강도 · B 환자

데이터를 심도 있게 분석한 끝에 연구팀은 인간의 정서적 경험에 대해 놀라운 비밀 하나를 발견하게 된다. 고통 그래프를 자세히 보면, A 환자는 검사 종료 직전에 8에서 6에 해당하는 극심한 고통을 경험하였고 그 순간 바로 검사가 종료되었다. 반면 B 환자의 경우는 중간에 8 정도의 큰 고통을 경험했으나 그 이후에 조금씩 고통이 줄기 시작하여 6, 5, 3, 2의 고통을 경험한 후 천천히 검사가 종료되었다.

앞에서 지적한 '순서' 프레임의 원리를 생각해보면, B 환자는 8이나 6의 고통을 당한 후에 경험한 3의 고통과 마지막 순간의 2의 고통을 고통이 아니라 '고통으로부터의 해방'으로 느꼈을 가능성이 높다. 이전에 워낙 강한 고통을 경험했기 때문에 3이나 2 정도의 고통은 오히려 편안함으로 다가왔던 것이다. 찬밥 한 그릇이 며칠 굶었던 사람에게는 꿀맛이고, 늘 따뜻한 밥을 먹어왔던 사람에게는 실망인 것과 같은 이치다.

인생에서는 순서가 중요하다. 젊어 고생은 사서도 한다고 한다. 젊은 시절의 고생이 인생 후반부의 경험을 더 달콤하게 만들어주기 때문이다. 젊어 고생은 사서도 한다지만, 나이 들어 고생은 사서도 한다는 말은 결코 하지 않는다. 오히려 말년 고생이 더 고통스럽다고 말한다. 젊은 시절의 좋은 경험이 프레임으로 작동하여 말년의 고통을 더 극심하게 만들기 때문이다.

우리의 하루를 마음대로 설계할 수 있다면 경험의 순서를 현명하게 디자인할 필요가 있다. 만일 안 좋은 일과 좋은 일을 하나씩 경험할 수 있다면, 무엇을 먼저 경험하겠는가? 대체로 안 좋은 일을 먼저 경험하는 것이 낫다. 안 좋은 일 다음에 경험하는 좋은 일은 더 달콤하게 느껴질 뿐만 아니라, 뒤에 경험한 좋은 일이 앞에서 경험한 안 좋은 일을 긍정적으로 재해석하게 해주기 때문이다(물론 드물게는 좋은 일을 먼저 경험하고 그 즐거움을 이용해 이후에 발생하는 고통을 이겨내려는 노력도 효과가 있다).

TV가 프레임이다

인간의 뇌는 신체 사이즈에 비해 다른 동물의 뇌보다 유독 크다. 특히 뇌의 앞부분, 전전두엽(prefrontal cortex)이라고 불리는 부분이 그렇다. 왜 인간에게는 유독 큰 전전두엽이 있을까?

여기에는 몇 가지 그럴듯한 설명이 있다. 하나는 복잡한 사회생활을 잘하기 위해서라는 설명이다. 사람들과 잘 어울리기 위해서는 그들이 뭘 원하는지 민감하게 알아차려야 하고, 그에 맞추어 자신의 사고와 행동을 조성해야 한다. 이런 정교하고 복잡한 사회적 기능을 담당하기 위해 인간의 뇌가 커졌다는 것이 첫 번째 설명이다.

또 다른 설명은 인간이 수많은 멘탈 시뮬레이션을 하기 위해서 큰 뇌가 필요하다는 것이다. 우리는 하루에도 수많은 선택의 순간에 직면한다. 무엇을 먹을까, 무엇을 볼까, 무엇을 구매할까와 같은 일상적 선택에서부터 어떤 직업을 가질까, 누구와 사귈까, 아이를 몇 명이나 낳을까 등 인생사적 선택에 이르기까지 인간이 내려야 하는 선택은 헤아릴 수 없이 많다. 이런 선택의 홍수 속에서 후회 없는 선택을 하기 위한 좋은 방법은 모든 대안을 직접 경험해보는 것이다. 그러나 이는 비현실인 데다 때로는 비윤리적이기도 하다. 마음에 드는 사람과 모두 결혼해보고 그중에 한 사람을 선택할 수는 없는 노릇이다. 그래서 인간에게는 '시뮬레이션'이 필요하다. 이걸 먹으면 어떨까? 저 사람과 결혼하면 어떨까? 이 직장에 다니면 어떨까? 이런 멘탈 시뮬레이션에 근거해서 사람들은 선택을 한다. 즉, 이 모든 시뮬레이션을 담당하기 위해서 큰 뇌가 필요하다는 것이 두 번째 설명이다.

TV는 현대인의 멘탈 시뮬레이션을 도와준다. TV를 통해 사람들은 자신이 직접 살아보지 않은 삶을 경험한다. 자기가 살아보지 못한 삶을 경험하고, 자기가 다녀보지 못한 직장을 경험한다. TV를 통해 인간의 다양한 가능성들을 접하게 되는 셈이다. 그러나 TV는 시뮬레이션을 돕는 데 그치지 않고, 세상을 보는 프레임으로 작동한다. TV에 나오는 이성들은 대개 미남미녀다. TV에서 등장하는 미남미녀를 보고 난 후에 우리의 파트너를 보면 어떤가? TV를 많이 보는 사람들일수록 자기 파트너에 대한 만족도가 낮다는 점은 더 이상 놀라운 일이 아니다.

TV를 많이 보는 사람들은 TV로 인해 생긴 프레임 때문에 세상을 보는 시각에서 몇 가지 중요한 특징을 보인다.

- 첫째, TV를 많이 보는 사람은 세상을 위험하다고 생각한다.
- 둘째, TV를 많이 보는 사람은 사람들을 덜 신뢰한다.
- 셋째, TV를 많이 보는 사람일수록 세상에 대해 음모론적인 시각을 갖기 쉽다.
- 넷째, TV를 많이 보는 사람일수록 물질주의적 가치관이 강하다.

TV뿐만 아니라 모든 매체가 우리의 사고를 지배하는 프레임 역할을 한다. 그중 특별히 주목할 만한 것이 광고다. 효과적인 광고는 '대상에 대한 판단(judgment of an object)'을 바꾸는 것이 아니라, '판단의 대상(an object of judgment)' 자체를 바꾼다. 다시 말해 대상을 보는 프레임 자체를 바꾸어버린다. 지금은 일상적인 제품이 되었지만 처음에는 쓰임이 전혀 달랐던 구강 청정제를 예로 들어보자. 구강 청정제는 원래 치과에서 사용하던 치료용 의약품이었다. 그러나 이 의약품을 파는 회사에서 판매를 늘리기 위해 기가 막힌 광고 전략을 사용했다.

Halitosis.

뭔가 있어 보이는 단어 같지만 실은 '입 냄새'를 뜻한다. 20세기 초까지만 해도 입 냄새는 일상적인 것이었다. 누구에게서나 입 냄새가 났다. 그런데 이 회사는 일련의 광고를 통해 입 냄새를 일상적인 것이 아니라 인간관계의 치명적인 장애물로 프레임하기 시작하였다.

친구 결혼식에서 부케를 받는 여성에게 광고는 이렇게 말한다. "너는 평생 부케만 받을 거야. 정작 결혼은 못해. 왠 줄 알아? 바로 너의 입 냄새 때문이야." 또 다른 광고에서는 야구 감독이 투수와 작전을 논하러 마운드에 올라가는 장면이 등장한다. 그런데 그 자

〈입 냄새에 대한 프레임을 바꾼 광고〉

리에서 투수를 바꾸고 만다. "왜냐고? 너의 입 냄새 때문이야!"

　이 광고 시리즈는 입 냄새를 보는 사회적 프레임을 바꿈으로써 구강 청정제에 대한 생각을 완전히 바꾸었다. 이렇듯 광고와 TV는 은연중에 사물을 보는 우리의 프레임을 변화시키는 역할을 한다.

프레임은 욕망이다

욕망은 프레임의 강력한 원천이다. 욕망이 세상을 보는 눈을 흐리게 만든다는 생각은 새로운 것은 아니다. 이 말을 좀 더 심리학적으로 풀어 쓰면 '욕망이 세상을 특정한 방향으로 보게 하는 프레임을 만들어낸다'가 된다.

심리학계에서 논란이 됐던 연구 하나는 프레임으로서의 욕망의 힘을 잘 보여준다. 하버드대에서 진행된 이 연구에서 연구자들은 열 살 난 아이들 30명에게 여러 가지 동전을 보여주기 보여수기 노 시대 크기가 같은 원을 그려보게 했다.[9] 절반은 부유한 집 아이들이었고 나머지 절반은 가난한 집 아이들이었다. 어느 집단의 아이들에게 돈이 더 귀하고 중요할까? 당연히 가난한 집 아이들이다. 따라서 가난한 집 아이들의 돈에 대한 욕망이 더 클 것이라고 짐작할 수 있다.

아이들에게 똑같은 동전을 보여주고 그에 해당하는 크기를 그리게 했을 때 어떤 결과가 나왔을까? 여기서 잠깐 짚고 넘어갈 점은 사람들은 보통 '중요한 것'과 '큰 것'을 동일시한다는 사실이다. 중요한 사람을 '거물(큰 사람)'이라고 부르고, 중요한 이슈를 '큰 이슈'라고 부르는 것을 보면 수긍이 될 것이다. 그렇다면 가난한 집 아이들에게는 돈이 중요하기 때문에 동전의 크기를 실제보다 크게 그릴까? 놀랍게도 답은 '그렇다'였다.

우선 부잣집 아이든 가난한 집 아이든, 아이들은 실제의 동전보다 큰 원을 그렸다. 돈은 어떤 아이에게나 중요한 것임을 짐작할 수 있다. 더 중요한 결과는, 연구자들의 예상과 일치하게 부잣집 아이들보다는 가난한 집 아이들이 원을 더 크게 그렸다는 점이다. 그뿐만 아니라 동전의 액수가 증가할수록 가난한 집 아이들이 크기를 왜곡하는 정도도 비례해서 커졌다. 부잣집 아이들에게서는 이런 패턴이 나타나지 않았다.

이 실험은 '사람들은 보고 싶은 것을 본다'는 말이 근거가 있음을 보여준다. 이 실험을 현대적으로 재해석한 연구가 최근에 수행되었다.[10] 참여자들에게 컴퓨터 화면에 숫자가 나오면 오렌지 주스를, 글자가 나오면 건강에는 좋지만 향은 좋지 않은 건강 주스를 마시게 된다고 알려주었다. 아주 빠른 속도로 자극이 화면에 나타나기 때문에 그것이 숫자인지 글자인지 차분히 판단할 수 있는 상황은 아니었다. 또 다른 참가자들에게는 반대의 상황이 주어졌다. 즉, 숫자가 나오면 건강 주스를 마시고, 글자가 나오면 오렌지 주스를 마시게 된다고 알려주었다.

이 실험에서 실제로 사용된 자극은 다음과 같다.

13

숫자로도 보일 수 있고, 글자로도 보일 수 있는 애매한 자극이었다. 결과는? 숫자가 나와야만 오렌지 주스를 마실 수 있었던 사람들은 숫자 13을 보았다고 답했고, 글자가 나와야 했던 사람들은 글자 B를 보았다고 답한 것이다! 응답만 그렇게 한 것이 아니라, 심층 데이터 분석에 따르면 이들 눈에는 처음부터 그렇게 보였다. 우리 눈에는 보고 싶은 것이 보인다. 욕망은 아주 강력한 프레임이다.

가장 강력한 욕망 중 하나가 식욕이다. 불가피한 이유로 하루나 이틀 금식할 때는 정말이지 하루 온종일 1분 1초가 배고픔의 연속이다. 내시경 검사를 받기 위해 전날 저녁부터 당일 오전까지 금식한 적이 있다. 말이 금식이지 내시경 검사를 위해 약을 먹고 화장실을 수시로 들락거리며 하는 하루 보내기 어지간히 배고 배가 허상심을 들락거린 나머지 거의 탈진 상태로 소파에 누워 여기저기 TV 채널을 돌려댔다.

그러던 중 재미있는 사실 하나를 발견했다. 우리나라 드라마에 먹는 장면이 아주 많이 나온다는 점이다. 그렇지 않아도 배가 고파 기진맥진한 상태에서 먹는 장면은 가혹한 고문이었다. 설상가상으로 그날 밤에 봤던 드라마에는 한식, 중식, 일식, 양식을 먹는 장면이 한 번씩 다 등장했다. 검사 당일 아침, 병원으로 가는 길에 또 한 번 놀랄 수밖에 없었다. 도대체 우리나라 길거리에는 왜 그렇게 식당이 많은 것일까? 하루 사이에 식당이 그렇게나 많이 늘어났을까? 물론 아니다.

하루아침에 식당이 늘어난 것도, 유독 그날 그 드라마에서만 식사 장면이 많이 나온 것도 아니었다. 사실은 내가 배가 고파서 세상을 온통 음식 프레임으로 바라보았기 때문이다. 그 결과, 전에는 무심하게 지나쳤던 드라마 속 식사 장면과 거리의 음식점들이 내 눈에 쏙쏙 들어왔다. 세상은 어제와 다름없었지만, 세상을 보는 내 프레임이 변한 탓이다. 그럼에도 불구하고 나는 세상이 변한 듯 착각했다. 변한 건 자신임에도 세상이 변했다고 착각하는 현상은 비단 나만의 경험은 아닌 듯하다.

미국 코넬대 심리학과 연구팀이 32명의 여대생을 대상으로 미국의 식품산업 전반에 대한 의견 조사를 했다.[11] 'TV에 등장하는 음식 광고가 10년 전보다 줄었는지, 아니면 늘었는지'를 비롯하여 여러 가지 질문을 던졌다. 모든 조사가 끝난 후 설문에 참가한 여대생들에게 다이어트 여부에 대해 질문했다. 식사량에 신경을 쓰는지, 지방이 많은 음식은 피하려고 노력하는지 등.

최종 자료를 분석한 결과, 현재 다이어트에 신경 쓰고 있는 여대생들이 그렇지 않은 여대생보다 TV의 식품 광고가 늘었다고 보고했다. 그들이 서로 다른 TV 프로그램을 봤기 때문일까? 이유는 간단하다. 다이어트를 하는 여대생들도 내시경 준비를 하던 때의 나와 마찬가지로 음식 프레임으로 세상을 보고 있었기 때문이다.

프레임은 고정관념이다

아버지와 아들이 야구 경기를 보러 가기 위해 집을 나섰다. 그런데 아버지가 운전하던 차의 시동이 기차 선로 위에서 갑자기 꺼졌다. 달려오는 기차를 보며 아버지는 시동을 걸려고 황급히 자동차 키를 돌렸지만 소용이 없었고, 결국 기차는 차를 그대로 들이받고 말았다. 아버지는 그 자리에서 죽었고 아들은 크게 다쳐 응급실로 옮겨졌다. 수술을 하기 위해 급히 달려온 외과 의사가 차트를 보더니 "난 이 응급환자를 수술할 수 없어. 애는 내 아들이야!"라며 불//며는 있어 이신가?[12]

어떻게 이런 일이 가능할까? 아버지는 아들과 사고를 당한 뒤 그 자리에서 죽지 않았던가? 혹시 의사가 친아버지이고, 야구장에 같이 간 아버지는 양아버지였을까? 아직도 이 상황이 이해되지 않는가? 그렇다면 이제 그 의사가 아들의 '엄마'라는 사실을 알고 다시 읽어보라. 모든 상황이 자연스럽고 분명하게 다가올 것이다.

당신이 이 시나리오를 조금이라도 의아하게 생각했다면 그 이유는 당신이 '외과 의사＝남자'라는 전통적인 프레임을 가지고 있기 때문이다. 성 고정관념의 프레임에서 자유로운 사람이라면 곧바로 그 의사가 엄마임을 짐작했을 것이다. 그러나 불행히도 외과 의사가 엄마라고 짐작하는 사람은 소수에 불과하다. 응급 수술을 담당하는 외과 의사라는 말에 거의 자동으로 남자를 떠올린 사람은 인류 역사를 통해 뿌리 깊게 형성되어온 젠더(gender) 프레임의 희생양일지 모른다.

우리는 많은 고정관념의 프레임에 갇혀 있다. 인종, 성, 나이, 국가, 사회적 지위, 옷차림, 외모, 학력 등이 만들어내는 고정관념에서 자유롭기가 쉽지 않다. 사람들을 대할 때 끊임없이 휘몰아치는 고정관념의 유혹에서 스스로를 지킬 수 있을까? 고정관념이라는 폭력적인 프레임을 거부하고, 있는 그대로의 타인과 만나는 일은 일생을 걸고 도전해볼 만한 가치가 있다.

Chapter 01을 나가며 ●

프레임은 다양한 형태를 지닌다. 우리의 가정, 전제, 기준, 고정관념, 은유, 단어, 질문, 경험의 순서, 맥락 등이 프레임의 대표적인 형태다. 사람들은 흔히 프레임을 '마음가짐' 정도로만 생각한다. 그래서 좋은 프레임을 갖추기 위해서는 좋은 마음을 가져야겠다고 '결심'한다. 그러나 프레임은 결심의 대상이라기보다는 '설계'의 대상이다. 프레임 개선 작업은 나의 언어와 은유, 가정과 전제, 단어와 질문, 경험과 맥락 등을 점검한 후에 더 나은 것으로 설계하고 시공하는 작업을 요한다.

Chapter 02
–
나를 바꾸는 프레임

어떤 프레임으로 세상을 접근하느냐에 따라
우리가 삶으로부터 얻어내는 결과물들이 달라진다.
프레임을 알아야 하는 이유가 바로 여기에 있다.

어떤 기도

어느 날 세실과 모리스가 예배를 드리러 가는 중이었다.

"모리스, 자네는 기도 중에 담배를 피워도 된다고 생각하나?"

"글쎄 잘 모르겠는데. 랍비께 한번 여쭤보는 게 어떻겠니?"

세실이 랍비에게 가서 물었다.

"선생님, 기도 중에 담배를 피워도 되나요?"

"(정색을 하며 대답하기를) 형제여, 그건 절대 안 되네. 기도는 신과 나누는 엄숙한 대화인데 그럴 순 없지."

세실로부터 랍비의 답을 들은 모리스가 말했다.

"그건 자네가 질문을 잘못했기 때문이야. 내가 가서 다시 여쭤보겠네."

이번에는 모리스가 랍비에게 물었다.

"선생님, 담배를 피우는 중에는 기도를 하면 안 되나요?"

"(얼굴에 온화한 미소를 지으며) 형제여, 기도에는 때와 장소가 필요 없다네. 담배를 피는 중에도 기도는 얼마든지 할 수 있지."

미국에서 널리 회자되는 유머 중 하나다. 위의 경우처럼 동일한 행동도 어떻게 프레임하느냐(담배를 피우면서 기도하는 행동 vs. 기도하면서 담배 피우는 행동)에 따라 우리가 삶에서 얻어내는 결과물이 결정적으로 달라진다. 지혜로운 사람이 되기 위해서 프레임을 알아야 하는 이유가 바로 여기에 있다.

이제 프레임이 우리 삶의 결과물들을 어떻게 극적으로 바꾸어 놓을 수 있는지 살펴보도록 하자. 행복과 불행, 삶과 죽음, 성공과 실패, 심지어는 비만의 문제에 이르기까지 프레임이 놀라운 영향력을 행사하고 있음을 실감할 것이다.

행복을 결정하는 것

"행복은 '무엇'이 아니라 '어떻게'의 문제다.
행복은 대상이 아니라 재능이다." (헤르만 헤세)

환경미화원으로 일하는 아저씨가 있었다. 이른 새벽부터 악취와 먼지를 뒤집어쓴 채 쓰레기통을 치우고 거리를 청소하는 일을 평생 해온 사람이었다. 누가 봐도 쉽지 않은 일인 데다 사람들에게 존경받는 직업도 아니고, 그렇다고 월급이 많은 것도 아니다. 그런데 신기하게도 표정이 늘 밝았다. 하루는 그 점을 궁금하게 여기던 한 젊은이가 이유를 물었다. 힘들지 않으시냐고. 어떻게 항상 그렇게 행복한 표정을 지을 수 있느냐고. 젊은이의 질문에 대한 환경미화원의 답이 걸작이었다.

"나는 지금 지구의 한 모퉁이를 청소하고 있다네!"

이것이 바로 행복한 사람이 지닌 프레임이다. 이 환경미화원 아저씨는 자신의 일을 '돈벌이'나 '거리 청소'가 아니라 '지구를 청소하는 일'로 프레임하고 있었던 것이다. 지구를 청소하고 있다는 프레임은 단순한 돈벌이나 거리 청소의 프레임보다는 훨씬 상위 수준이고 의미 중심의 프레임이다. 행복한 사람은 바로 이런 의미 중심의 프레임으로 세상을 바라본다.

"내가 헛되이 보낸 오늘은 어제 죽은 이가 그토록 간절히 원했던 내일이다."
"다시는 사랑하지 못할 것처럼 사랑하라."
"늘 마지막으로 만나는 것처럼 사람을 대하라."

언제 들어도 가슴 벅차게 하는 말들이다. 이런 말들은 우리로 하여금 세상을 다시 보게 만들고 이제까지 단 한 번도 경험하지 못했던 새로운 방식으로 주어진 시간과 사람들을 대하게 한다. 이렇게 의미 중심의 프레임으로 세상을 보는 사람들이 "그냥 하루하루 대충 사는 거지 뭐"라고 말하는 사람보다 더 의미 있고 행복한 삶을 사는 건 자명하다.

사람들이 자연스럽게 갖기 쉬운 프레임은 대개 하위 수준이다. '당장 먹고살아야 하기 때문에' '귀찮아서' '남들도 다 안 하는데 뭘' 등과 같은 생각은 하위 수준 프레임의 전형이다.

그렇다면 상위 수준과 하위 수준 프레임을 나누는 결정적인 차이는 무엇일까? 바로 상위 프레임에서는 'Why(왜)'를 묻지만 하위 프레임에서는 'How(어떻게)'를 묻는다는 점이다.[1]

상위 프레임은 왜 이 일이 필요한지 그 이유와 의미, 목표를 묻는다. 비전을 묻고 이상을 세운다. 그러나 하위 수준의 프레임에서는 그 일을 하기가 쉬운지 어려운지, 시간은 얼마나 걸리는지, 성공 가능성은 얼마나 되는지 등 구체적인 절차부터 묻는다. 그래서 궁극적인 목표나 큰 그림을 놓치고 항상 주변의 이슈들을 좇느라 에너지를 허비하고 만다. 상위 수준의 프레임을 갖고 있는 사람은 No보다는 Yes라는 대답을 자주 하고, 하위 수준의 프레임을 가진 사람은 Yes보다는 No라는 대답을 많이 한다.

'철수가 영희에게 꽃을 주는 행동'은 여러 수준에서 해석될 수 있다. '철수가 영희에게 꽃을 주고 있다'고 글자 그대로 생각할 수도 있지만, '철수가 영희를 좋아한다'고 조금 더 추상적으로 생각할 수도 있다. 수준을 한 단계 더 높여 '철수는 로맨틱하다'고도 생각할 수 있다. 이처럼 우리에겐 동일한 사건을 두고 구체적인 수준에서부터 추상적인 수준에 이르기까지 프레임을 선택할 자유가 있다. 어떤 수준의 프레임을 선택하는지는 행복과 의미 추구에 결정적인 영향을 준다.

상위 수준의 프레임이야말로 우리가 죽는 순간까지 견지해야 할 삶의 태도이며, 자손에게 물려줘야 할 가장 위대한 유산이다. 자녀들이 의미 중심의 프레임으로 세상을 보도록 한다면, 거액의 재산을 남겨주지 않아도 험한 세상을 거뜬히 이기고도 남을 만큼 훌륭한 유산을 물려주는 것과 다름없다.

삶과 죽음을 결정하는 프레임

"지혜의 핵심은 올바른 질문을 할 줄 아는 것이다."(존 사이먼)

과거 한 공중파에서 방송된 〈눈을 떠요〉라는 프로그램은 당시 국민들에게 장기기증의 필요성에 대해 다시금 생각하게 만드는 계기를 마련했다. 여기에는 그 프로그램에서 제공됐던 안구의 대부분이 미국에서 조달된다는 점에 대한 부끄러움과 아쉬움도 한몫했을 것이다.

그러나 관련 통계를 보면 미국의 경우도 장기기증을 하는 사람들이 생각만큼 많지 않다. 미국에서도 1995년부터 2003년까지 제때 장기를 기증받지 못해 목숨을 잃은 사람이 무려 4만 5,000명에

달했다. 우리뿐 아니라 그들에게도 태도와 실천 사이에 괴리가 엄연히 존재하는 것이다. 1993년에 실시한 미국 갤럽의 조사를 보면 85%의 미국인들이 장기기증 자체에는 동의했지만, 실제로 장기기증에 서약한 사람은 28%에 불과했다.

한편 유럽의 국가들을 보면 장기기증과 관련하여 한 가지 흥미로운 점을 발견할 수 있다. 나라마다 장기이식에 필요한 의료 시설이나 경제 수준, 교육 수준, 종교 등의 차이를 감안하더라도 같은 유럽 내에서도 장기기증 비율에 현격한 차이를 보인다는 사실이다.[2] 오스트리아, 벨기에, 프랑스, 헝가리, 폴란드, 포르투갈, 스웨덴의 장기기증 비율은 덴마크, 네덜란드, 영국, 독일과 비교하면 월등히 높다. 장기기증 서약률에서 이 두 그룹의 국가들 사이에 거의 60% 이상의 차이가 난다. 여러 상황을 감안해도 이 정도의 차이는 미스터리가 아닐 수 없다. 무엇이 이런 차이를 만들어냈을까?

해답은 의외로 단순한 곳에서 발견되었다. 장기기증 비율이 높은 국가에서는 정책적으로 모든 국민이 자동적으로 장기기증자가 된다. 본인이 원하는 경우에 한해 장기기증을 원치 않는다는 절차를 밟으면 기증을 하지 않아도 된다. 그러나 기증 비율이 낮은 나라에서는 본인이 원할 때만 절차를 거쳐 장기기증자가 된다. 즉, 기증 비율이 높은 나라에서는 아무런 행동을 취하지 않아도 자동적으로 장기기증자가 되지만, 기증 비율이 낮은 나라에서는 특별한 행동을 취해야만 장기기증자가 된다. 똑같은 선택을 놓고 프레임만 바꾼 것이다. 한쪽에서는 장기기증자가 되기 위한 선택으로 프레임했고, 다른 쪽에서는 장기기증자가 되지 않기 위한 선택으로 프레임한 것이다.

이 두 가지 정책을 각각 '탈퇴하기(Opt-out)'와 '가입하기(Opt-in)'라고 한다. 만약 어떤 사람이 장기기증에 대한 강렬한 소명의식을 갖고 있다면, 선택의 문제가 어떻게 프레임되어 있든 상관없이 장기기증을 할 것이라고 생각할 수도 있다. 같은 원리로 장기기증에 거부감을 갖고 있는 사람이라면 프레임에 상관없이 장기기증을 하지 않을 것이라고 가정할 수 있다. 그러나 이 두 정책은 사람들에게 아주 다른 프레임을 유도함으로써 실제 행동에 현격한 차이를 만들어낸다.

자동식으로 장기기증자가 되도록 세팅되어 있는 나라의 국민들은 '장기기증을 하지 말아야 할 이유'를 찾는다. 처음부터 장기기증이 자동적으로 선택되어 있기 때문에 장기기증은 마땅히 해야할 일이라는 프레임을 자연스럽게 갖게 된다. 그러다 보니 장기기증을 하지 않을 이유를 찾기가 쉽지 않다. 뿐만 아니라 가만히 있어도 저절로 기증자가 되기 때문에 장기기증을 하는 일이 전혀 번거롭지 않다. 그러나 장기기증을 하고 싶지 않은 경우에는 번거로운 서류 절차를 밟아야 한다.

반면 본인이 원할 때만 기증자가 되는 나라의 경우, 국민들은 '장기기증을 꼭 해야 하는 이유'를 찾게 된다. 장기기증을 하지 않는 것이 자동적으로 선택되어 있기 때문에, 그들에게는 장기기증을 하지 않는 것이 일반적인 상황으로 인식된다. 만일 어떤 사람이 장기기증을 할 의사가 없다면 가만히 있으면 된다. 그런데 반대로 장기기증자가 되려면 일련의 절차를 밟아야 한다. 기증할 마음만 있다면 절차가 무슨 대수냐고 하겠지만, 귀찮아서 죽기도 싫다는 게 인간의 심리가 아니던가?

장기기증에 대해 가입하기 정책을 취하는 나라에서는 아무리 장기기증의 필요성을 강조하고 캠페인과 교육을 실시해도 효과가 크지 않다. 그러나 탈퇴하기 정책을 실시하는 나라에서는 장기기증 캠페인과 교육을 많이 실시하지 않아도 월등히 많은 사람들이 장기기증을 한다. 이처럼 단순해 보이는 프레임 하나가 삶과 죽음의 문제를 좌지우지할 수 있다.

실패를 부르는 회피 프레임

"실수한 적이 없는 사람은 결코 새로운 일을 시도해보지 못한 사람이다."(앨버트 아인슈타인)

『구약성서』에는 모세가 하나님의 도움으로 이스라엘 민족을 이끌고 홍해를 건넌 후에 광야에서 생활하다 하나님이 약속한 가나안 땅으로 들어가는 과정이 나온다. 모세는 12명의 사람들을 보내 가나안 땅을 정탐하게 한다(민수기 13장). 정탐을 마치고 돌아온 사람들이 각자의 정탐 결과를 보고하는데 12명 중 10명의 보고 내용은 부정적이었다. 그 땅이 풍요롭긴 하지만 이미 거기 정착한 이민족들의 힘이 막강하기 때문에 그들과 싸워 이기기 힘들 거라는 이유에서였다. 그 땅에 발을 들여놓기도 전에 이민족들에게 패할 것이 분명하기 때문에 그 근처에는 얼씬도 하지 말자는 것이 요지였다. 그러나 12명 가운데 두 사람, 갈렙과 여호수아는 그 땅이 '젖과 꿀이 흐르는 아름다운 땅'임을 강조하며 그곳으로 진군할 것을 적극적으로 주장했다. 물론 결말은 이스라엘 민족이 하나님의 약속에 따라 가나안에 성공적으로 입성했다는 것이다.

이 이야기는 성취하는 사람과 안주하는 사람의 프레임 차이를 잘 보여준다. 성취하는 사람의 프레임은 '접근' 프레임이다. 반면에 안주하는 사람의 프레임은 '회피' 프레임이다. 접근 프레임은 보상에 주목하기 때문에 어떤 일의 결과로 얻게 될 보상의 크기에 집중하고 그것에 열광한다. 그러나 회피 프레임은 실패 가능성에 주목한다. 자칫 잘못하다간 실수할 수 있다는 데 주목하고, 보상의 크기보다는 처벌의 크기에 더 큰 영향을 받는다.[3]

회피 프레임에 길들여진 사람들은 자신을 보호하는 일을 최우선으로 삼는다. 어려운 일을 시도하여 성취감을 맛보기보다는 행여나 일을 도모하다 망신을 당하거나 자존심 상할 일이 생기지는 않을까 하는 불안감으로부터 자신을 철저하게 보호하려 한다. 설령 성공 가능성이 99%라고 하더라도 1%의 실패 가능성에 연연한다. 그래서 '혹시 실패하면…'이라는 자기 방어적인 시나리오로 최악의 결과를 그려보고는 모험 자체를 감행하지 않는다. 회피 프레임을 가진 사람들은 어떤 일로 성공을 거두더라도 흥분하고 감격하기보다는 안도감부터 경험한다. '휴, 다행이다' '안 하기를 잘했어' 등이 주된 감정 표현이다.

안락한 지대에서 벗어나 "지도 밖으로 행군"하는 용기 있는 행동은 오직 접근 프레임을 가진 사람들만 가능하다. 이러한 도전적인 프레임이 있었기에 비행기가 발명되고 우주선도 탄생할 수 있었다. 회피 프레임이 강한 사람에게는 지금껏 한 번도 성공한 적이 없는 위험한 시험 비행은 꿈도 꿀 수 없는 일이다.

성취하고자 노력하는 사람에게 세상은 젖과 꿀이 흐르는 풍요의 땅이지만, 안주하는 사람에겐 어설프게 나섰다간 낭패 보기 십상인 위험한 곳으로만 보일 뿐이다.

틀 속에 갇힌 마음

다음 영어 단어들이 컴퓨터 화면에 한 번에 하나씩 제시된다고 생각하고 다음 단어들을 빠르게 읽어보라.

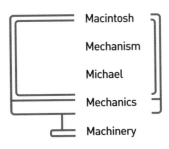

혹시 마지막 단어를 읽을 때 실수하지 않았는가? '머시너리'로 읽어야 하는데 순간적으로 '매키너리'로 읽지는 않았는가? 아마도 상당수의 독자들이 그렇게 읽었을 것이다. 앞서 제시된 단어들을 읽는 동안 독자들의 마음은 이미 'c'나 'ch'를 'ㅋ'으로 발음하도록 준비되었기 때문에 자신도 모르게 'Machinery'를 '매키너리'라고 쉽게 되었던 것이다. 프레임이 하는 일이 바로 이와 같다. 어떤 프레임이 활성화되면 그 프레임은 특정한 방향으로 세상을 보도록 우리의 마음을 준비시킨다.

위 예시에서 활성화된 프레임은 아주 단기간의 경험으로 형성된 프레임이다. 불과 몇 초 사이에 형성된 프레임이 이 정도로 마음의 준비를 하게 한다면, 한 개인의 삶을 통해, 또는 한 문화에서 오랜 세월을 거쳐 형성된 프레임이 얼마나 강력한 마음의 준비를 불러 일으킬지 쉽게 짐작할 수 있다.

히스토리와 허스토리

페미니즘 정신을 가장 잘 대변하는 용어를 들라면 나는 주저 없이 'Herstory'를 꼽을 것이다. 이 단어는 역사를 뜻하는 영어 단어 'History'에 항의하는 의미로 만들어진 신조어로, 로빈 모건(Robin Morgan)이라는 작가가 1970년에 쓴 『자매는 강하다(Sisterhood is powerful)』에서 처음 사용했다.

물론 History는 'His + Story'의 합성어가 아니다. History는 그리스어 'Historia'에서 유래한 것으로 '탐구를 통해 배우는 행위'라는 뜻이다. 따라서 'Her'와 'Story'를 합쳐 'Herstory'를 만들어낸 것은 History라는 단어 자체의 남성 중심성에 대한 저항이라기보다는, 인간의 삶과 역사가 남성 중심적으로 기록되고 해석되어온 오랜 관행에 대한 저항이라고 할 수 있다. 또한 인간의 역사를 여성의 프레임에서 재조명하는 것, 여성 스스로 여성의 관점에서 자신의 삶을 만들어가는 것에 대한 상징인 셈이다.

'Herstory'는 1970~80년대 사람들, 특히 페미니스트에 동의하는 젊은이들의 열렬한 환영을 받았다. 티셔츠에 단골 소재로 등장한 것만 봐도 쉽게 짐작할 수 있다.

이 단어는 국내 한 여성 잡지의 이름으로 쓰이기도 했는데, 사람들에게 이처럼 강하게 어필할 수 있었던 것은 바로 이 단어가 제공하는 새로운 프레임 때문이었다. 'Herstory'라는 용어는 남성 중심적인 사회에 대한 그 어떤 이론적, 도덕적 비판보다도 더 강렬하게 사람들의 의식을 바꿔놓았다.

남성 중심적인 프레임에서 벗어나거나 그 프레임에 의문을 제기하면 그 순간부터 새로운 것들이 보이기 시작한다. 지금껏 자연스럽게 보였던 것들이 거북해 보이기 시작하는데, 그 이유는 모든 사물을 새롭게 보는 시각이 생기기 때문이다.

이제 학과장이나 의장을 지칭할 때 'chairman'이 아닌 'chairperson'이라고 해야 하고, 편지나 공문서를 쓸 때도 'Dear Sir or Madam'이라고 해야 한다. 인간을 지칭할 때도 'man'이 아니라 'human-being'이라고 하는 것이 적절하다. 우리말에도 어떤 분야의 선구자를 지칭할 때 '~의 아버지'라는 말을 습관처럼 썼으나 이제는 달라져야 한다. 초등학교에서 학생들에게 번호를 부여할 때 무조건 남학생들에게 앞 번호를 부여하는 관행 역시 사라져야 한다.

'Herstory'라는 안경을 통해 경험하는 세상은 이전과는 질적으로 다른 세상이다. 『이기적 유전자(The Selfish Gene)』로 유명한 세계적 석학 리처드 도킨스(Richard Dawkins)는 자신의 저서 『만들어진 신(The God Delusion)』에서 이러한 노력에 대해 '의식의 함양'이라고 치켜세웠다.

편견의 실수

1999년 2월 4일, 아프리카 기니에서 미국으로 이민을 온 아마두 디알로(Amadou Diallo)는 자신의 아파트 앞에서 4명의 백인 경찰이 쏜 41발의 총탄 중 19발을 맞고 그 자리에서 죽었다. 어린 시절 디알로는 사업가인 아버지를 따라 토고, 기니, 태국, 싱가포르에서 살았고, 독서와 음악, 스포츠를 즐기며 유년을 보냈다. 프랑스 국제학교, 케임브리지 대학교 등 세계 명문에서 수학한 그는 공부를 더 하기 위해 미국으로 건너와 뉴욕의 브롱스 14번가에서 거리 좌판을 하며 언젠가 다니게 될 대학을 꿈꾸며 열심히 살고 있었다.

그날 밤 일을 마치고 집으로 돌아온 디알로는 바람을 쐬려고 아파트 밖으로 나왔다가 돌아가는 길에 백인 경찰에게서 "멈춰! 머리에 손 올려!"라는 느닷없는 명령을 받게 된다. 4명의 백인 경찰은 디알로가 자신들이 쫓고 있던 흑인 강간범이라고 의심했다. 디알로는 경찰의 갑작스러운 명령에 영문도 모른 채 자신의 재킷 주머니에 손을 가져가는 행동을 했고, 경찰들은 이를 권총을 빼 들려는 행동으로 오인하여 무려 41발이나 되는 총탄을 무차별적으로 난사했다.

나중에 밝혀진 사실이지만 그때 디알로가 꺼내려던 것은 지갑이었다. 4명의 백인 경찰은 흑인인 디알로를 본 순간 자신들이 쫓던 강간범과 닮았다고 판단할 정도로 그의 얼굴을 볼 수 있었지만, 정작 그가

꺼내려던 것이 권총이 아니었다는 사실은 보지 못했다.[4]

이 사건에 대해 경찰 측 변호인단이 제기한 반론의 주된 내용은 디알로 자신이 전투 자세를 취했기 때문에 스스로 죽음을 자초했다는 것이었다. 결국 백인 경찰들의 행위는 '범죄'가 아니라 '실수'로 인정되어 전원 석방되었다. 이에 디알로의 부모는 뉴욕시를 상대로 8,100만 달러의 소송을 제기했으나 결국 300만 달러에 양측이 합의하고 고소를 취하하면서 사건은 일단락되었다.

과연 디알로가 백인이었어도 경찰들은 지갑을 꺼내려는 행동을 권총을 꺼내려는 모습으로 착각했을까? 혹시 백인 살상능이 흑인을 범죄와 연결시키는 고정관념의 프레임으로 디알로를 봤기 때문에 지갑과 권총을 혼동한 것은 아니었을까?

이 비극적인 사건을 계기로 한 연구가 수행되었고, 그 연구 결과는 결코 믿고 싶지 않은 인간의 슬픈 자화상을 드러냈다. 백인들을 대상으로 이루어진 연구에서 연구진들은 참여자들에게 비디오 게임을 하는 중 전혀 예측할 수 없는 순간에 어떤 사람이 화면에 튀어나왔을 때 그 사람이 무기를 들고 있으면 '발사' 버튼을 누르도록 지시했고, 무기가 아닌 다른 물건을 들고 있으면 다른 버튼을 누르도록 지시했다. 이때 튀어나오는 사람은 백인일 수도 있고, 흑인일 수도 있었다. 참여자들에게는 가능한 한 빨리 두 버튼 중 하나를 누르도록 지시했다. 물론 실수는 있을 수 있다고 사전에 주지시켰다.

이 게임에서 실수는 두 가지로 나타날 수 있다. 등장인물이 무기를 들고 있을 때 발사 버튼을 누르지 않는 것과 무기를 들고 있지 않은데도 발사 버튼을 누르는 것이다. 빠른 속도로 인물이 나타나고 아주 짧은 순간에 결정을 내려야 하기 때문에, 디알로와 맞닥뜨린 경찰들의 상황과 유사하다고 할 수 있다.

이 실험의 결과는 충격적이었다. 등장인물이 무기를 들고 있을 때 쏘지 않은 '실수'는 그 인물이 흑인일 때보다 백인일 때가 더 많았고, 등장인물이 무기를 들고 있지 않을 때 무기를 든 것으로 착각해서 방아쇠를 당긴 '실수'는 그 사람이 백인일 때보다 흑인일 때 더 많았다.

백인 참여자들은 '흑인＝범죄자'라는 고정관념의 프레임으로 세상을 보고 있었기 때문에 이 같은 '실수'를 한 것이다. 아마도 그 백인 경찰들 역시 이러한 고정관념의 프레임으로 세상을 보고 있었기에 있지도 않은 무기를 봤다고 착각했는지도 모를 일이다.

펩시가 코카콜라를 이긴 힘

펩시와 코카콜라 간의 '콜라 전쟁'에서 펩시를 승리로 이끌었던 존 스컬리(John Scully)는 문제 해결 과정에서 프레임의 위력을 누구보다 정확하게 꿰뚫어 본 마케팅의 귀재였다. 스컬리는 1967년 펩시에 입사하여 1970년 최연소 마케팅 담당 임원이 되었고, 1977년에는 최연소 사장 자리에 올랐다. 그의 초고속 승진은 흥미롭게도 '병'에서 시작된다.[5]

그 당시 펩시는 코카콜라의 성공이 코카콜라 특유의 병 디자인 때문이라고 진단하고 있었다. 코카콜라 병은 그 자체가 하나의 상품이고 아이콘이었다. 그래서 펩시 측은 코카콜라를 이기는 길은 '코카콜라보다 더 세련된 병을 디자인하는 것'이라고 프레임하고, 수년간 디자인 개발에 막대한 돈을 쏟아 부었다. 스컬리가 맨 처음 입사하여 배치된 곳도 새로운 병을 만드는 부서였다. 그러나 엄청난 자금을 쏟아 부고도 견고한 미주 '긴피 못 썼니. 베신이 뉴가른라의 아성을 뛰어넘기에는 역부족이었다. 그때 스컬리는 펩시가 문제의 본질을 잘못 프레임해왔음을 알게 되었다. 코카콜라보다 더 세련된 병을 만드는 일이 중요한 게 아니라, 사람들에게 펩시콜라를 더 많이 마시도록 유도하는 것이 문제의 본질임을 깨닫게 된다. 그때부터 펩시는 문제의 본질을 다시 프레임하기 시작한다.

이에 스컬리는 펩시 역사상 최초라고 할 만한 대규모 소비자 조사를 수행했다.[6] 총 350가구를 대상으로 탄산음료 소비 패턴을 조사한 결과, 소비자들은 콜라 병의 크기나 양에 상관없이 일단 집으로 사 들고 가면 버리지 않고 다 마신다는 아주 단순한 사실을 발견했다. 큰 병에 든 것이든 작은 병에 든 것이든 콜라를 사고 나면 다 마신다는 것. 이 점에 착안한 스컬리는 펩시 병을 코카콜라보다 더 크게 만들었다. 또한 집으로 들고 가기 편하게 다양한 크기의 패키지 상품들을 내놓았다. 결과는 대성공이었다. 난공불락의 요새처럼 보였던 코카콜라의 아성을 무너뜨릴 발판을 마련한 것이다. 만일 펩시가 문제를 계속해서 '콜라병의 디자인'으로 프레임했더라면 결코 이룰 수 없는 쾌거였다.

어떤 문제에 봉착했을 때 그 해결점을 찾지 못하는 이유는 처음부터 문제의 본질이 무엇인지 제대로 프레임하지 못해서일 가능성이 높다. 프레임은 문제를 해결하는 가장 중요한 열쇠다. 작가가 작품 사진을 찍지 못하는 이유가 사진기의 성능에 있다기보다 '멋진 장면'을 포착하지 못하는 것과 같은 이치다.

최후통첩 게임

경제학자들과 심리학자들은 '게임' 상황을 통해 사람들의 행동을 분석하곤 한다. '최후통첩 게임'이라는 것도 그 도구 중 하나인데, 간략히 설명하면 다음과 같다.

여기 1만 원이 있다고 하자. 두 사람이 1만 원을 나눠 가질 수 있는데, 그중 한 사람(분배자)이 돈을 어떻게 분배할 것인지를 정하여 다른 사람(결정자)에게 제안한다. 결정자는 분배자의 제안을 수용하거나 거절할 수 있다. 분배자의 제안을 수용하게 되면 결정자는 자신에게 분배되는 액수가 적더라도 받아들여야 한다. 만일 결정자가 제안을 거부하면 두 사람 모두 한 푼도 갖지 못한다. 이때 분배자는 공평하게 50:50으로 나눌 것을 제안할 수 있지만 자신에게 유리하게 제안할 수도 있다. 자신이 9,000원을 갖고 상대에게 1,000원을 주겠다고 제안할 수도 있고, 상대방에게 더 많은 액수를 제안할 수도 있다. 어쨌든 결정자의 입장에서는 한 푼도 못 받는 것보다는 조금이라도 받는 편이 더 경제적이므로 자신에게 불리한 제안이라도 100:0이 아닌 한 받아들이는 것이 합리적이다. 순전히 경제적인 측면에서 보면 그렇다.

하지만 모든 문제를 경제적인 잣대로만 볼 수는 없다. 때로는 정의에 대해서도, 공정한 배분에 대한 것이 더 중요하다. 이런 이유로 계산적으로는 1,000원이라도 받는 것이 한 푼도 못 받는 것보다 낫겠지만, 그것이 부당한 분배라고 생각되면 사람들은 한 푼도 못 받을 각오를 하고서라도 분배자의 제안을 거부하곤 한다. "나도 못 받지만 너도 혼 좀 나봐라"라는 식의 대응을 하는 것이다. 따라서 분배자로서는 상대방의 감정을 건드리지 않는 선에서 가능한 한 자신에게 유리한 쪽으로 분배를 제안하는 것이 중요하다.

그런데 재미있는 사실은 참여자들에게 이와 같은 상황을 '월스트리트 게임'이라고 이름 붙여주면 자기에게 더 유리한 분배를 제안하고, '커뮤니티 게임'이라고 이름 붙여주면 훨씬 더 공평한 분배를 제안한다는 점이다. 이는 각각 던져진 이름이 서로 다른 프레임을 유발하기 때문이다. 여기서 더욱 흥미로운 사실은 게임의 상황에 대한 프레임이 이름에 의해서만 만들어지진 않는다는 점이다.

스탠퍼드 대학교의 리 로스(Lee Ross) 교수 연구팀이 수행한 연구에 따르면 프레임은 물건에 의해서도 자동적으로 만들어질 수 있다.[7] 이 연구팀은 실험 참여자들에게 다섯 가지의 물건 사진을 각각 제시하고 그것을 키 순서대로 정렬하게 했다. 이때 일부러 사진 속의 물건 크기를 비슷하게 만들어 참여자들에게 각각의 물건에 집중하도록 했다. A 조건 참여자들에게 제시된 것은 비즈니스와 관련된 물건들, 즉 서류 가방, 만년필, 회의실 테이블, 정장, 정장용 구두였다. B 조건 참여자들에게는 비즈니스와는 무관한 전기소켓, 연, 칠면조, 고래, 악보 등의 물건들이 제시됐다.

그런 후에 참여자들에게 '최후통첩 게임'을 하게 했고, 분배자의 역할을 맡아 일정 액수의 돈을 다른 사람과 나누게 했다. 자료 분석 결과, 비즈니스와 무관한 물건들의 크기를 비교한 B 조건 참여자들의 경우 91%가 50:50의 공평한 분배를 제안했다. 그러나 비즈니스와 관련한 물건들의 크기를 비교한 A 조건 참여자들은 불과 33%만이 50:50의 공평한 분배를 제안한 것으로 나타났다. 경쟁과 관련된 물건들에 노출되기만 해도 사람들은 무의식적으로 경쟁 프레임을 갖게 되어 가능하면 자신의 이익을 극대화하려고 노력했던 것이다.

이런 결과가 사진에만 국한될까? 연구팀은 후속 연구에서 참여자들에게 사진이 아닌 실제 물건들에 직접 노출되도록 했다. A 조건에서는 최후통첩 게임을 하는 실험실에 서류 가방과 검정색 고급 서류 폴더를 구비했고, 참여자들 앞에는 은으로 된 고급 사무용 펜이 제공되었다. 실험자가 최후통첩 게임에 필요한 자료를 그 서류 가방에서 꺼내 참여자에게 주었고, 참여자는 제공된 고급 사무용 펜으로 설문지를 작성한 후에 구비된 고급 서류 폴더에 집어넣었다. 반면 B 조건 참여자들에는 고급 서류 가방 대신에 보통 가방, 고급 서류 폴더 대신에 종이 상자, 고급 펜 대신에 연필을 주었다. 그 결과 B 조건 참여자들의 100%가 50:50의 분배를 제안했지만, 비즈니스 물건을 접한 A 조건의 참여자들은 겨우 50%만이 50:50의 분배를 제안한 것으로 나타났다.

이 실험 결과에서도 알 수 있듯이 프레임은 주변의 사소한 물건들을 통해 우리가 의식하지 못하는 사이에 우리의 행동을 지지할 수 있다. 주변의 물건들이 단순한 생활의 도구가 아니라 우리의 생각과 행동을 결정짓는 프레임의 도구가 될 수 있다는 점을 깨닫고 나면 물건 선택에 더욱 신중해질 수밖에 없다. 프레임은 단순히 '마음먹기'에만 달린 문제가 아니다.

소유와 경험의 차이

"책상 하나와 의자 하나, 과일 한 접시 그리고 바이올린. 사람이 행복해지기 위해 이외에 무엇이 더 필요한가?"(앨버트 아인슈타인)

가장 영향력 있는 20세기 사상가 중 한 사람인 에리히 프롬(Erich Fromm)은 그의 저서 『소유냐 존재냐(To Have or To Be)』에서 산업화로 인한 물질적 풍요가 가져오는 폐해를 지적하고 소유의 삶에서 존재의 삶으로 옮겨 갈 것을 강조한다.

일상에서 소유의 프레임과 경험(존재)의 프레임이 가장 빈번하게 대비를 이루는 분야는 소비의 영역이다. 같은 물건을 사면서도 경험 프레임을 갖고 구매하는 사람은 그 물건을 통해 맛보게 될 새로운 경험에 주목한다. 그러나 소유 프레임을 갖고 구매하는 사람은 소유 자체에 초점을 맞춘다. 가령 책상과 의자를 구입하는 경우, 소유의 프레임을 가진 사람은 단순히 '가구를 장만하는 것'으로 간주하고 남들보다 더 좋은 가구를 소유하려 한다. 그러나 경험의 프레임을 갖고 있는 사람은 그 책상과 의자를 통해 경험하게 될 지적인 세계를 기대한다. 그곳에 앉아서 읽을 책과 써 내려갈 일기를 상상하는 것이다.

2000년 11월과 12월, 사회심리학자 밴 보벤(Van Boven)이 이끄는 연구팀은 20대부터 60대까지 1,200여 명을 대상으로 전화 설문 조사를 실시했다.[8] 주로 가정 경제에 대한 의견 조사였는데, 설문 말미에 지금까지 살아오면서 스스로 행복해지기 위해서 '소유' 자체를 목적으로 구매했던 물건(옷, 보석, 전자 제품 등)과 '경험'을 목적으로 구매했던 물건(콘서트 티켓, 스키 여행 등)을 한 가지씩 고르게 했다. 그런 다음 그 두 가지의 구매 물건 중에 무엇이 더 자신을 행복하게 만들었는지 선택하라고 했다.

그 결과 경험을 위한 구매가 자신을 더 행복하게 만들었다는 사람이 전체 응답자의 57%였고, 소유를 위한 구매가 더 행복하게 해줬다는 응답은 34%에 불과했다(여기서 두 수치의 합이 100%가 되지 않는 이유는 두 가지 중 하나를 고르기 어렵다고 응답한 사람들과 응답 자체를 하지 않은 사람들이 있었기 때문이다). 이는 어떤 물건의 구매 행위를 통해 새로운 삶을 경험하는 것이 소유 자체를 위해 구매하는 것보다 많은 사람들에게 더 큰 행복감을 안겨준다는 사실을 보여주는 연구 결과다.

이 설문 조사를 수행한 심리학자들의 지적에 따르면 '경험을 위한 구매가 더 큰 이유는 사람들과의 관계에서 비롯되는 것'이다. 누군가와 함께 콘서트를 관람하고 여행을 가는 것, 혼자 관람하더라도 연주자들의 탁월한 연주 솜씨에 감동하면서 그들과 정서적으로 하나가 되는 것. 이처럼 함께 나눌 수 있는 관계의 경험들이 사람들에게 진정한 행복을 가져다준다.

따라서 현명한 소비자는 소유보다는 경험의 프레임을 가지려고 노력한다. 에리히 프롬의 충고처럼 소유의 프레임보다 경험의 프레임이 삶의 질에 더 중요하기 때문이다.

비만 해결책

프랑스의 슈퍼마켓에서 쉽게 볼 수 있는 요구르트 용량은 125g이고, 미국 슈퍼마켓에서 볼 수 있는 가장 흔한 요구르트 용량은 227g이다. 프랑스 사람들은 요구르트 용량이 적기 때문에 미국인들이 요구르트 하나 먹을 때 두 개를 먹을까?

음식의 섭취량을 결정하는 가장 단순하면서도 위력적인 요소는 바로 용기의 크기다. 음식이 담긴 그릇, 즉 한 번 먹을 때 나오는 기본 단위가 클수록 음식을 더 많이 먹게 된다. 밥그릇이 크면 밥그릇이 작을 때보다 밥을 더 많이 먹게 된다는 얘기다. 물론 다음과 같은 의문을 제기할 수도 있다. "배고픈 정도를 잘 알고 있다면 큰 그릇으로 먹을 때보다 작은 그릇으로 먹을 때 몇 그릇 더 먹게 될 것이고, 결국 먹는 양은 같아지는 게 아닐까?" "아무리 그릇이 크다고 해도 배고픈 정도를 알면 밥을 남길 테니 결국 먹는 양이 같지 않을까?" 그러나 답은 '그렇지 않다'이다.

미국 컬럼비아 대학교의 저명한 심리학자인 폴 로진(Paul Rozin) 교수가 동료들과 수행한 연구는 기본 단위의 크기가 섭취량에 결정적인 요소가 된다는 것을 보여준다.[9] 로진 교수팀은 한 회사의 빌딩과 한 아파트에서 다음과 같은 실험을 수행했다. 한 회사 로비에 아침 시간에 간단하게 먹을 수 있는 투시 롤이라는 캔디를 두고 사원들이 자유롭게 집어가게 했다. 어느 날은 3g의 작은 캔디 80개를 놔두었고 다른 날은 12g의 큰 캔디 20개를 비치했다. 그러고는 오후에 남아 있는 캔디 개수를 조사했다.

만일 사람들이 식욕대로 먹었다면 3g의 캔디를 비치했던 날, 12g의 캔디가 비치된 날보다 4배를 더 먹어야 하지 않았을까? 그러나 결과는 그렇지 않았다. 결과적으로 사람들은 12g의 캔디가 비치된 날 더 많은 양을 먹은 것으로 나타났다.

미국의 고급 아파트에서 진행된 실험도 같은 방법으로 수행되었다. 아파트 현관에 M&M 초콜릿이 가득 든 용기를 비치하고 거주자들이 수시로 떠먹을 수 있도록 초콜릿 용기 옆에 스푼을 놓아두었다. 첫날은 조그만 티스푼을 두었고 다음 날은 그보다 정확하게 4배 더 큰 스푼을 놓아두었다. 오후에 남아 있는 초콜릿 양을 조사했을 때 어떤 결과가 나왔을까? 예상한 대로 큰 스푼을 비치했을 때 훨씬 많은 초콜릿을 먹었다.

식욕이 식사량을 결정하기보다 그릇의 크기가 식사량을 결정한 것이다. 왜 이런 일이 발생할까? 그것은 그릇의 크기가 프레임으로 작동하기 때문이다. 사람들은 기본적으로 제시되는 양이 '사회적으로 바람직한 평균적인 양'이라고 해석하는 경향이 있다. 그래서 그릇이 큰 경우에는 남기는 것에 죄책감을 느끼고, 그릇이 작은 경우 더 먹게 되면 '너무 많이 먹는 것 아닌가' 하는 불안감을 경험한다. 아무도 이런 생각을 강요하지는 않는다. 다만 눈앞에 제시된 그릇의 크기가 프레임으로 작동하면서 그 양을 '표준'이라고 여기도록 유도하는 것이다.

『누구나 10㎏ 뺄 수 있다』는 다이어트 책이 있다. '누구나'라는 말이 주는 위안과 '10㎏'이 주는 희망을 동시에 느끼게 하는 책이다.[10] 이 책의 저자인 당시 서울대학교 의대 유태우 교수는 음식의 종류에 상관없이 무조건 반만 먹으라고 권한다. 어떤 음식은 먹어도 되고, 어떤 음식은 먹으면 안 되고 하는 선택식의 다이어트가 아니라, 종류에 상관없이 무조건 반만 먹으라는 것이다. 몸에 좋다는 야채도 반으로 줄여야 하느냐는 기자의 질문에 유태우 교수는 이렇게 응답한다.

"당연하지요. 마실 물만 빼고는 모든 음식을 반으로 줄여 먹어야 해요. 부엌일을 많이 하는 사람들은 설거지를 하면서 무의식적으로 먹는 일이 많은데 그것도 절반으로 줄여야 합니다. 외식할 때도 음식을 반 이상 남겨야 해요. 회식 자리에서 자기 것은 시키지 말고 남은 음식을 한두 숟갈 뺏어 먹는 것도 좋은 방법입니다." (〈한겨레신문〉 2006년 9월 20일자)

유태우 교수의 충고에 많은 사람이 동의하면서도 다음과 같은 질문을 던지고 싶을 것이다.

"글쎄 그건 알겠는데, 어떻게 하면 반만 먹을 수 있나요?"

'프레임'이 던져주는 답은 간단하다. 모든 그릇의 크기를 반으로 줄여라.

지혜가 간구의 대상인 것은 분명하지만 동시에 지혜는 끊임없는 훈련의 대상이기도 하다. 지혜는 오랜 연륜을 필요로 하지만 교육을 통해서도 얻을 수 있다. 그래서 지혜 연구의 대가인 로버트 스턴버그(Robert Sternberg) 교수는 학교 교육 과정에 지혜를 가르치는 과목을 포함시켜야 한다고 강력하게 주장한다.[11]

지혜가 이처럼 기다림의 대상이 아닌 적극적인 훈련의 대상이 될 수 있는 이유는, 지혜의 본질이 우리 마음의 한계를 지각하는 데 있기 때문이다. 운 좋게도 오늘날 우리는 무수한 학자들이 이뤄놓은 심리학, 신경과학, 경제학 등의 연구 성과들을 통해 마음의 한계에 대해 체계적이고 손쉽게 배울 수 있게 되었다. 그 가르침의 중심에 프레임이 있다.

Chapter 03

—

세상, 그 참을 수 없는 애매함

애매함은 삶의 법칙이지 예외가 아니다.
우리의 감각적 경험과 개개인의 지극히 사적인 판단들도
프레임의 영향력 아래 놓여 있다.
애매함으로 가득 찬 세상에 질서를 부여하는 것이 프레임이다.
한마디로 프레임은 우리에게 '애매한 세상의 다리'가 되어주는 것이다.

문제: 화씨 50도는 섭씨로 몇 도인가?

누군가 이 문제를 신속하게 풀었을 때, 우리는 그를 똑똑한 사람이라고 부를지언정 지혜로운 사람이라고는 하지 않는다. 이 문제를 눈 깜짝할 사이에 풀어내는 계산기를 붙들고 '지혜롭다, 새침하다'며 떠받들지도 않는다. 왜냐하면 이 문제에는 단 하나의 분명한 정답이 존재하고, 그 답은 누구나 공식에 맞춰 쉽게 도출할 수 있기 때문이다(화씨를 섭씨로 바꾸려면 화씨에서 32를 뺀 뒤 1.8로 나눠주면 된다. 따라서 위 문제의 답은 섭씨 10도다). 수학자나 인지심리학자들은 이와 같이 분명한 답이 존재하는 문제를 '잘 구조화된 문제' 혹은 '잘 정의된 문제'라고 부른다.

반면 지혜를 필요로 하는 문제는 '잘 구조화되지 않은 문제' 혹은 '잘 정의되지 않은 문제'다. 예를 들어 "영국은 EU에서 탈퇴해야 하는가?"라는 문제나 "부부가 이혼할 경우 자녀의 양육권은 둘 중 누가 가져야 하는가?"와 같은 문제들이 이 범주에 해당한다. 이런 문제에는 단 하나의 정답이란 존재하지 않고 사람들마다 보는 관점, 즉 프레임에 따라 서로 다른 의견들이 존재하게 마련이다. 따라서 이런 문제의 해결책을 놓고는 자신의 프레임을 상대방에게 주입시키기 위한 치열한 '프레임 전쟁'이 벌어진다.

버클리 대학교의 조지 라코프(George Lakoff) 교수에 따르면 미국의 보수 진영은 이라크 침공을 '테러와의 전쟁'이라고 명명하고, 진보 진영은 '점령'이라고 해석하였다.[1] 이라크 사태의 본질이 '전쟁'으로 명명되면 그 해결책 또한 분명해진다. 전쟁이라면 무조건 이겨야 한다는 프레임이 작용하기 때문이다. 따라서 이 프레임으로 볼 때 이라크에서 철수하는 것은 곧 '패배'로 규정될 수밖에 없다. 반면에 이라크 사태를 점령으로 프레임하면 이라크에서의 철수는 당연한 것이 되고, 다만 언제 철수할지 그 시기만 문제가 될 뿐이다.

정치 세력들이 주요 선거를 앞두고 이슈가 되는 구호와 어젠더를 선점하려는 것도 이와 같은 맥락이다. 선거를 '민주 vs. 비민주'로 프레임할 것이냐, 아니면 '혼란 vs. 안정'으로 프레임할 것이냐, 지방선거를 '중앙 정부 심판의 기회'로 프레임할 것이냐, '지방 부패 세력 심판의 기회'로 프레임할 것이냐의 문제에 각 정당들이 사활을 거는 이유가 여기에 있다.

우리가 살면서 부딪히는 문제들은 '잘 구조화되지 않은' 것들이 대부분이다. 세상 자체가 애매함으로 가득 차 있기 때문이다. 만일 우리가 경험하고 부딪히는 사건들에 단 하나의 분명한 답만이 존재한다면 프레임도 지혜도 필요 없다.

이 장에서는 우리가 프레임을 필요로 할 정도로 세상이 그렇게 애매한 곳인지에 대한 이야기를 해보려고 한다.

감각의 불확실성

우리가 하는 여러 경험들 가운데 감각적 경험만큼 확실한 것이 있을까? 어떤 논쟁에서도 "내 눈으로 직접 봤다니까!" "내가 직접 먹어봤다니까!"만큼 강력한 도구는 없다. 아무리 정교한 논리와 해박한 이론을 동원하더라도 직접 눈으로 경험했다는 주장 앞에서는 기를 펼 수가 없다. 게 맛에 대해 아무리 해박한 지식을 갖고 있더라도 직접 그 맛을 보지 못한 사람은 "기도이 새 처는 달마시니다는" 면박 앞에서 그대로 당할 수밖에 없다. 그러나 우리가 이렇게 확신하는 감각적 경험에도 놀랄 만큼 애매성이 존재한다.

　다음 그림의 정가운데를 중심으로 위아래를 한번 보자. 알파벳 A, B, C가 보일 것이다.

$$A$$
$$12 \; 13 \; 14$$
$$C$$

이제 A와 C를 손가락으로 가리고 좌우를 한번 보라. 분명 12, 13,

14가 보일 것이다.

어떻게 해서 정가운데 있는 것은 B로도 보이고, 13으로도 보이는 것일까? 동일한 모양이지만 위아래로 읽을 때는 주변에 알파벳이 배열되어 있어서 '글자 프레임'이 활성화되고, 좌우로 읽을 때는 주변에 숫자들이 배열되어 있어서 '숫자 프레임'이 활성화되기 때문이다. 완벽하게 동일한 시각 자극이었지만 어떤 프레임으로 보느냐에 따라 각기 다른 실체(글자와 숫자)로 경험될 만큼 이 자극은 애매성을 내포하고 있다.

이처럼 우리의 감각적 경험도 항상 객관적이고 고정된 것이 아니라, 프레임에 따라 달리 경험될 수 있는 본질적 애매성을 갖고 있음을 기억해야 한다.

순서의 힘

솔로몬 애쉬(Solomon Asch)라는 사회심리학자가 1946년에 수행한 실험은 심리적 속성이 얼마나 애매한지를 잘 보여준다.[2] 이 실험에서 애쉬는 실험 참여자들에게 어떤 사람에 대한 여러 가지 정보를 준 뒤, 그 사람이 어떤 사람인지 짐작해보도록 했다. A 조건의 실험 참여자들에게 제시된 정보의 순서는 다음과 같았다.

    A 조건

    지적이다(intelligent)

    부지런하다(industrious)

    충동적이다(impulsive)

    비판적이다(critical)

    고집이 세다(stubborn)

    질투심이 강하다(envious)

B 조건의 실험 참여자들에게도 동일한 내용의 정보를 주었지만, 제시된 순서가 정반대였다.

    B 조건

    질투심이 강하다(envious)

    고집이 세다(stubborn)

    비판적이다(critical)

    충동적이다(impulsive)

    부지런하다(industrious)

    지적이다(intelligent)

우리가 경험하는 정보가 알약과 같다고 가정해보자. 의사가 총 6개의 알약을 처방했는데, 이때 아주 특별한 경우가 아니라면 붉은 알약을 먼저 복용하든 푸른 알약을 먼저 복용하든 크게 문제 되지 않는다. 만일 애쉬의 실험에서 제시된 6개의 정보가 알약과 같다고 한다면, 두 조건의 참여자들은 그 사람에 대해 동일한 인상을 형성해야 할 것이다. 그러나 심리적 속성에 대한 정보는 알약과는 다르다.

자료를 분석한 결과, A 조건에서 형성된 인상이 B 조건에서 형성된 인상보다 훨씬 더 호의적이었다. 독자들도 직접 이 두 조건을 경험해보라. 한 특성이 어느 특성 뒤에, 혹은 앞에 제시되었는지에 따라 해석이 판이하게 달라짐을 알 수 있을 것이다.

예를 들어 '지적이다'라는 특성은 A 조건에서는 "조금은 충동적이고 고집이 세지만 천재들이 다 그렇지 않은가?"라는 전형적인 천재형의 이미지로 해석되지만, B 조건에서는 교만하고 차가운 이미지로 해석된다.

'고집이 세다'의 의미는 또 어떤가? 그것이 '지적이다' 다음에 올 경우 집념이 강하고 결심이 확고한 이미지를 주지만, '질투심이 강하다' 다음에 오면 폐쇄적이고 옹졸한 이미지를 주지 않는가? 시간상으로 앞서 제시된 정보들이 뒤따라오는 정보를 해석하는 데 영향을 주는 프레임 역할을 했기 때문이다.

어떤 사람에 대한 인상 역시 아주 애매한 부분이어서 사용하는 프레임에 따라 동일한 사람을 놓고 천재성을 갖춘 사람으로 볼 수도 있고, 옹졸한 사람으로 볼 수도 있는 것이다.

명왕성의 운명

초등학교 시절부터 우리는 '수-금-지-화-목-토-천-해-명'이라는 단축어로, 태양 주위를 도는 9개 행성의 이름을 외워왔다. 수십 년이 지나도 이것만큼은 기억하고 있는 독자들이 많을 것이다. 그런데 이 중 '명왕성'이 행성 목록에서 빠지게 되었다. 명왕성은 9개의 행성 중에서 가장 작고 귀여운 별로 사람들의 사랑을 받아왔다. 그러나 국제천문연맹(International Astronomical Union, 이하 IAU)은 2006년 8월 24일, 체코 프라하에서 총회를 열고 명왕성이 더 이상 행성이 아님을 전 세계에 공포(公布)했다. 이제 망망한 우주 속에 명왕성만 홀로 남게 되었다. 그것도 더 이상 명왕성이 아닌 '소행성 134340'이라는 이름으로.

사실 명왕성이 행성의 목록에서 빠졌다고 해서 우리의 일상이 크게 바뀐 것은 없다. 과학책 내용이 일부 바뀌었고, 과학박물관의 그림들이 교체되었다. 한동안 학교 시험지마다 "다음 중 행성이 아닌 것은?"이란 문제가 단골로 등장했다. 그렇다고 해도 이런 문제는 교육 담당자들과 학생들이 감당해야 할 작은 혼란에 불과하고, 기성세대들에게 일어난 변화란 기껏해야 '수-금-지-화-목-토-천-해'로 암기 목록이 줄어든 정도다. 어쩌면 월트 디즈니의 만화 캐릭터인 플루토(Pluto, 명왕성의 영어 이름)를 볼 때마다 조금 측은

한 생각이 들지도 모른다는 점, 할아버지와 할머니는 행성이 9개인 줄 알고 세상을 떠났다는 것, 기성세대와 신세대 간에 세대차가 하나 더 늘었다는 정도. 이런 사소한 문제를 제외하면 살아가는 데 큰 충격은 없다.

그러나 명왕성 퇴출 논쟁이 크게 흔들어놓은 문제는 따로 있다. 바로 과학의 객관성에 대한 논란이다. IAU는 2006년 총회에서 명왕성을 행성의 지위에서 끌어내리는 안을 놓고 투표를 했고, 그 결과에 기초하여 최종 결정을 내렸다. 객관적 사실이 생명인 과학에 투표가 웬 말인가? 행성이면 행성이지 왜 투표가 필요한 것일까? 행성의 지위를 놓고 투표를 했다는 이야기는 행성의 정의에 대해 과학자들마다 의견이 다를 수 있다는 점을 보여준다. 나아가 과학이 반드시 완벽하게 잘 정의된 문제만을 다루는 영역은 아니라는 점을 보여주는 사례다.

애초에 IAU는 행성으로서의 명왕성 지위에 대한 논란을 해소하기 위하여 19명의 과학자들로 위원회를 구성했지만, 이들은 2년에 걸친 논쟁에도 불구하고 명쾌한 해결책을 내놓지 못했다. 이에 IAU는 다시 소수의 위원회를 구성했고 2006년 6월 10일과 7월 1일 파리에서 두 차례 회의를 갖고 명왕성을 행성으로 유지하되, 명왕성과 유사한 3개의 물체를 행성으로 인정하는 수정안을 내놓았다. 새로 추가하려고 한 3개 중 하나는 일명 제나(Xena)로 알려진 2003 UB313이라는 물체였다.

그러나 이 안은 즉각 반대에 부딪혔다. 아이러니하게도 그 반대의 중심에는 제나를 발견하여 명왕성의 행성 지위에 대한 논쟁을 본격적으로 불러일으킨 칼텍(Cal Tech)의 마이크 브라운(Mike Brown) 교수가 있었다. 브라운 교수는 자신이 발견한 물체가 행성으로 인정되는 영광을 누릴 수도 있었지만, 새로운 수정안에서 내놓은 행성에 대한 정의에 동의하지 않았다. 그는 무엇이 행성인지를 결정하는 데 투표가 필요하다면 그것은 결코 과학이 아니라고 주장했다. 더욱이 새로운 수정안에 따르면 앞으로 행성의 수는 예측할 수 없을 정도로 늘어날 것이라고 경고까지 했다.

결국 반전에 반전을 거듭한 끝에 IAU는 명왕성을 행성에서 제외하고 '전형적인 행성 8개'만을 행성으로 유지하기로 최종 결정에 이른다(논쟁의 시삭이 된 소행성 제나는 그 이후, 황금 사과를 던져서 트로이전쟁의 불씨를 만들었던 그리스 신화 속 싸움의 여신 이름을 따라서 에리스로 이름이 바뀌었다). 그러나 행성의 정의가 완전히 해결된 것이 아니기 때문에 어쩌면 앞으로 살면서 '수-금-지-화-목-토-천-해'의 목록에 몇 번의 변화가 더 생길지도 모른다. 우리 역시 그어떤 행성이 사라지고 생겨나는지 모른 채 세상을 떠나고, 후손들에게 '측은한 선조'로 기억될지도 모를 일이다.

동메달이 은메달보다 행복한 이유

미국 코넬대 심리학과 연구팀은 1992년 하계올림픽을 중계한 NBC의 올림픽 중계 자료를 면밀히 분석했다. 메달리스트들이 게임 종료 순간에 어떤 표정을 짓는지 감정을 분석하는 연구였다.[3] 연구팀은 실험 관찰자들에게 분석이 가능했던 23명의 은메달리스트와 18명의 동메달리스트의 얼굴 표정을 보고 이들의 감정이 '비통'에 가까운지 '환희'에 가까운지 10점 만점으로 평정하게 했다.

뿐만 아니라 시상식에서 선수들이 보이는 감정을 동일한 방법으로 평정하게 했다. 시상식에서의 감정을 알아보기 위해 은메달리스트 20명과 동메달리스트 15명의 시상식 장면을 분석하게 했다.

분석 결과, 게임이 종료되고 메달 색깔이 결정되는 순간 동메달리스트의 행복 점수는 10점 만점에 7.1로 나타났다. 비통보다는 환희에 더 가까운 점수였다. 그러나 은메달리스트의 행복 점수는 고작 4.8로 평정되었다. 환희와는 거리가 먼 감정 표현이었다. 객관적인 성취의 크기로 보자면 은메달리스트가 동메달리스트보다 더 큰 성취를 이룬 것이 분명하다. 그러나 은메달리스트와 동메달리스트가 주관적으로 경험한 성취의 크기는 이와는 반대였다. 시상식에서도 이들의 감정 표현은 역전되지 않았다. 동메달리스트의 행복 점수는 5.7이었지만 은메달리스트는 4.3에 그쳤다.

이 연구팀은 여기서 한 걸음 더 나아가 은메달리스트와 동메달리스트의 인터뷰 내용도 분석했다. 해당 선수들이 인터뷰를 하는 동안 "거의 ~할 뻔했는데"라는 아쉬움을 많이 드러냈는지, 아니면 "적어도 이것만큼은 이루었다"라는 만족감을 나타냈는지를 확인했다. 분석 결과, 동메달리스트의 인터뷰에서는 만족감이 더 많이 표출되었고, 은메달리스트의 경우 아쉽다는 표현이 압도적으로 많았다.

왜 은메달리스트가 동메달리스트보다 더 만족하지 못할까? 선수들이 자신이 거둔 객관적인 성취를 가상의 성취와 비교함으로써 개관적인 성취를 주관적으로 재해석했기 때문이다. 은메달리스트들에게 그 가상의 성취는 당연히 금메달이었다.

"2세트에 서브 실수만 하지 않았더라면 금메달을 딸 수 있었을 텐데."

최고 도달점인 금메달과 비교한 은메달의 주관적 크기는 선수 입장에서는 실망스러운 것이다. 반면 동메달리스트들이 비교한 가상의 성취는 '노(no) 메달'이었다. 까딱 잘못했으면 4위에 그칠 뻔했기 때문에 동메달의 주관적 가치는 은메달의 행복 점수를 뛰어넘을 수밖에 없다.

객관적으로 보자면 더 낮은 성취를 거둔 동메달리스트가 더 높은 성취를 거둔 은메달리스트보다 더 행복해했다는 얘기다. 이는 C+를 피하고 간신히 B-를 받은 학생이, 아깝게 A-를 놓치고 B+를 받은 학생보다 더 만족스러워하는 것과 같은 이치다.

물리적으로 동일한 시각 자극들이 주변의 자극에 의해 다르게 해석되듯, 성취의 크기도 다른 성취(단지 상상 속의 성취였다 할지라도)와의 비교를 통해 달리 해석된다.

이처럼 공간상의 비교, 시간상의 비교, 심지어 상상 속의 비교에 의해서도 현실은 주관적으로 재구성된다. 그만큼 우리의 현실은 본질적 애매성을 가지고 있다.

질문의 위력

비교 프레임은 우리 스스로의 선택이 아니라 외부로부터 유도될 수도 있다. 예를 들어, TV를 자주 보는 남성들은 이성 친구나 배우자가 매력적이지 않다고 판단한다. TV 속의 젊고 매력적인 여성을 보면서 배우자나 이성 친구와 비교하기 때문이다. 자신도 모르는 사이에 '함정에 걸리는(framed)' 셈이다.

자신도 모르게 특정한 방향으로 프레임되는 것이 꼭 부정적인 것만은 아니다. 1990년 캐나다 워털루 대학교 연구팀이 수행한 한 실험에서, 가톨릭 신자 여대생들에게 어떤 여성의 은밀한 성적 상상에 대한 글을 읽도록 했다.[4] 그런 후에 한 조건의 여대생들에게는 교황 요한 바오로 2세의 사진을 아주 짧은 순간 보여주고 자기 자신에 대해 평가하도록 했다. 다른 조건의 여대생들에게는 교황의 사진이 아닌 낯선 중년 남자의 사진을 빠른 속도로 보여주었다. 두 조건 모두 그 사진이 누군지 알아차릴 수 없을 정도의 빠른 속도로 제시되었다.

그 결과, 교황의 사진을 접한 여대생들이 낯선 남자의 사진을 접한 여대생들보다 자기 자신을 더 부정적으로 평가하는 것으로 나타났다. 성적 상상을 읽은 후에 교황의 사진에 노출된 여대생들이 죄책감을 더 많이 느꼈기 때문이다. 자신이 믿는 종교의 상징물을 집이나 자동차, 일터에 놓아두는 이유는 이런 상징물이 무의식중에도 계속해서 경건한 종교적 프레임을 심어주기 때문이다.

그러나 프레임이 항상 외부에서 갖아들기거나 유도되는 것만은 아니다. 우리 스스로에게 건네는 '질문' 혹은 '담화(narratives)'가 우리에게 특정 프레임을 유도할 수도 있다.

자신이 외향적인 사람인지 내성적인 사람인지 알고 싶을 때 우리는 스스로에게 "나는 외향적인가?"라고 물을 수도 있고 "나는 내성적인가?"라고 물을 수도 있다. 키나 몸무게 같은 물리적 속성은 궁금하면 금방 확인할 수 있지만, 심리적 속성들이 궁금할 때는 반드시 이런 자기 질문 과정을 거쳐야만 한다.

어떤 사람이 "나는 외향적인가?"라고 자문한 후에, 다음 7점 척도상에서 자신을 평정한다고 해보자.

1	2	3	4	5	6	7

◀ 매우 내성적   매우 외향적 ▶

이 사람은 자신이 과거에 어떤 행동을 했는지 그 패턴을 회상하든지, 아니면 주변 사람들의 평가를 참조하든지 간에 어떤 증거에 기초하여 응답할 것이다. 그런데 만약 이 사람이 "나는 외향적인가?"가 아니고 "나는 내성적인가?"를 자문했다고 해보자. 일부 독자들은 이 두 가지 질문이 무슨 차이가 있냐고 반문할지도 모른다.

그러나 사회심리학자 지바 쿤다(Ziva Kunda)의 연구를 비롯하여 우리 연구팀의 연구 결과는 그런 반문이 틀렸음을 보여준다.[5] 한마디로 요약하면 "외향적인가?"라고 물었을 때보다 "내성적인가?"라고 물었을 때의 응답이 더 내성적인 것으로 나타났다. 질문의 방향이 판단에 영향을 주어서 자신의 성격을 조금씩 다르게 보도록 만들어버렸던 것이다. 이런 일이 가능한 이유는 질문의 방향이 특정 종류의 증거만을 찾아보도록 하는 프레임 역할을 하기 때문이다.

"내가 외향적인가?"라고 자문하면 외향적으로 행동했던 증거만을 찾으려 하고, 내성적으로 행동했던 증거는 잘 찾으려 하지 않는다. 반면에 "내가 내성적인가?"라고 물으면 내성적으로 행동했던 경험만을 찾고, 외향적으로 행동했던 경험은 잘 찾으려고 하지 않는다. 결국 질문의 방향에 일치하는 쪽으로 자기 판단이 이뤄지게 된다.

'자기 개념'도 단 하나로 고정되어 있는 게 아니라 프레임에 따라서 그때그때 달라진다. 그리고 그 프레임은 질문의 방향과 같은 아주 사소한 요인에 의해서 결정되기도 한다.

Chapter 03을 나가며

감성지능(EQ)과 사회지능(SQ) 개념이 전통적인 지능(IQ)에 반기를 들고 등장했을 때 많은 사람들이 그토록 흥분했던 이유는, 새로 등장한 개념들이 기존의 단순한 똑똑함보다는 지혜로움을 더 중시했기 때문이다. 삶의 문제에는 단 하나의 정답만 존재하기 어렵다는 것을 알 일깨워 감성지능과 사회지능, 이 두 개념은 폭발적인 인기를 끌 수 있었다.

애매함은 삶의 법칙이지 예외가 아니다. 우리의 감각적 경험과 개개인의 지극히 사적인 판단들도 프레임의 영향력 아래 놓여 있다. 애매함으로 가득 찬 세상에 질서를 부여하고 의미를 부여하는 것이 바로 프레임이다. 한마디로 프레임은 우리에게 '애매한 세상의 다리'가 되어주는 것이다.

Chapter 04

자기 프레임, 세상의 중심은 나

자기 자신이 세상을 바라보는 소통의 창구가
되는 것을 막을 순 없다. 하지만 지혜는 우리에게
이런 자기중심성이 만들어내는 한계 앞에서
철저하게 겸허해질 것을 요구한다.

오래전에 〈전파견문록〉이라는 TV 프로그램이 있었다. 어린아이들이 자신의 눈높이에서 어떤 대상을 설명하면 출연한 연예인들이 팀을 나눠 아이가 무엇을 설명하는지 알아맞히는 오락 프로그램이었다. 어떤 대상을 어린아이의 눈높이로 설명하기 때문에 그 설명만으로는 문제를 맞히기가 쉽지 않다. 〈전파견문록〉에 나왔던 문제 몇 가지를 제시하니 독자들도 한번 맞혀보기 바란다.

> 1) 엄마는 놀라고, 아빠는 눌러요. → (　？　)
>
> 2) 이 사람만 가고 나면 막 혼나요. → (　？　)
>
> 3) 제가 100점 맞으면 엄마 아빠가 하는 말이에요. → (　？　)
>
> 4) 이게 없으면 노래를 못해요. → (　？　)
>
> 5) 이것은 언제나 출렁거려요. → (　？　)

이 프로그램이 재미있는 이유는 동일한 사물에 대한 어린이의 프레임과 어른의 프레임을 비교해서 볼 수 있기 때문이다. 오랫동안 길들여진 프레임에 갇혀서 쩔쩔매는 어른들의 모습을 보는 것은 이 프로그램의 묘미였다. 그러나 여기에 재미를 한층 더하는 요소가 있는데 바로 프로그램 중간에 시청자들에게만 정답이 공개된다는 점이다. 답을 알고 있는 시청자 입장에서는 답을 맞히지 못하는 패널들이 우스워 보인다. 저렇게까지 힌트를 주는데도 못 맞히나, 하면서 패널들을 깎아내리기까지 한다. 애매하게만 들리던 어린아이의 힌트도 답을 알고 보면 전혀 애매하지 않으며, 심지어 아주 적절한 힌트라고 여겨진다. 나(시청자)는 답을 알고 있기 때문에 힌트가 분명하게 이해된다는 사실을 간과한 채, 자신은 답을 몰랐어도 이 정도의 문제는 맞힐 수 있었을 것이라는 기분 좋은 착각을 즐긴다.

과연 여러분은 앞에서 제시한 힌트를 보고 정답을 찾았는가? 몇 개나 맞혔는지 살펴보자.

> 1) 엄마는 놀라고, 아빠는 눌러요. → (바퀴벌레)
>
> 2) 이 사람만 가고 나면 막 혼나요. → (손님)
>
> 3) 제가 100점 맞으면 엄마 아빠가 하는 말이에요. → (진짜야?)
>
> 4) 이게 없으면 노래를 못해요. → (시작)
>
> 5) 이것은 언제나 출렁거려요. → (아빠의 뱃살)

답을 알고 힌트를 보니 힌트들이 정말로 적절하지 않은가?

자기중심성

미국 코넬 대학교의 스턴버그 교수는 어리석음의 첫 번째 조건으로 '자기중심성'을 꼽는다. 인간의 자기중심성을 아주 재치 있게 보여주는 실험이 미국 스탠퍼드 대학교 심리학과에서 수행되었다.[1]

이 실험은 대학생 두 명을 한 조로 묶고 한 명에게 손가락으로 책상을 두드려서 어떤 노래를 연주하게 하고, 다른 한 명에게는 상대방의 손가락으로 연주아 노래 제목을 알아맞히게 하는 실험이었다. 이때 손가락을 두드려 연주하는 사람은 상대방에게 곡명을 알려줄 수 없고 입으로 흥얼거릴 수도 없다. 오로지 손가락 연주만으로 노랫가락을 표현하게 했다. 노랫가락 연주가 끝나면 청중격인 참여자는 연주자가 연주한 노래 제목을 추측해서 적고, 연주자는 자신이 연주한 노래 제목을 청중인 상대방이 알아맞힐 확률을 추측해서 적게 했다. 이런 식으로 여러 곡을 반복해서 테스트했다.

연주자의 기대치와 청중의 정확도는 얼마나 맞아떨어질까? 자료를 분석한 결과, 연주자들은 청중이 자신의 손가락 연주를 듣고 노래 제목을 알아맞힐 확률이 최소한 50%는 될 것으로 예상했다. 그러나 청중이 제목을 맞힌 비율은 2.5%에 불과했다. 정말로 터무니없는 결과가 아닌가? 연주자의 손가락 연주가 잘못된 것일까?

이제 스스로 이 실험을 재연해보자. 자신이 연주자가 되어 '오 필승 코리아'를 손가락으로 연주해보라. 눈을 지그시 감으면 당신이 연주하게 될 가락이 귓가에 들려올 것이다. 드럼 소리도 들리고, 스타카토로 강조해야 할 부분에서 짧게 끊어 치는 손가락의 느낌도 생생하게 느껴질 것이다. '오~' 부분에서는 강하게 끊어 치고, 그다음 '필승 코리~'까지는 조금 부드럽게 두드리고, 다시 '~아' 부분에서 강하게 칠 것이다. 자신도 모르게 어깨도 들썩거리고, 어느새 양손으로 가락을 두드리고 있는 자신을 발견할 것이다. 정말로 환상적인 연주라고 생각되지 않는가? 박자, 멜로디, 감정, 어느 것 하나도 손색이 없는 완벽한 연주였다.

그렇다면 이제 입장을 바꿔 청중이 되어보자. 무슨 노랫가락인지 모른 채로 상대방이 손가락을 두드리는 소리만으로 노래 제목을 알아맞혀야 한다. 가사도 그 어떤 허밍도 들을 수 없다. 드럼 소리나 키보드 멜로디도 들리지 않는다. 도무지 알 수 없는 무의미한 소리만 들릴 뿐이다. 그 어떤 멜로디나 연주의 감흥도 느낄 수 없다. 아무리 애를 써도 청중인 당신의 귀에는 그저 '탁탁' 책상 치는 소리만 들린다. 그런데도 연주자는 자신의 머릿속에서 경험했던 그 환상적인 연주가 다른 사람에게도 그대로 전달될 것이라고 착각한다.

자기라는 프레임에 갇힌 우리는 우리의 의사 전달이 항상 정확하고 객관적이라고 믿는다. 그러나 우리가 전달한 말과 메모, 문자 메시지와 이메일은 우리 자신의 프레임 속에서만 자명할 뿐, 다른 사람의 프레임에서 보자면 애매하기 일쑤다. 이러한 의사불통으로 인해 생겨나는 오해와 갈등에 대해 사람들은 서로 상대방의 무감각과 무능력, 배려 없음을 탓한다.

부모들은 자녀에게 선행 학습을 시킨다는 명목으로 어린아이가 알기엔 벅차고 어려운 내용을 가르치면서 왜 이렇게 '간단한' 것도 모르냐고 구박하기 일쑤다. 그 개념들이 어른들에게나 간단하다는 사실을 망각하고 말이다. 남녀 관계에서도 예외는 아니다. 몇 시간째 토라져 있는 여자 친구에게 위로는커녕 "장난친 것 가지고 왜 그리 속 좁게 구냐?"며 되레 화를 내는 남자 친구는 자신의 행동이 자기 자신에게만 장난으로 해석된다는 점을 모른다.

우리는 "개떡같이 말해도 찰떡같이 안 알아듣네!"라며 성내면서를 추궁하지만, 실상 개떡같이 말하면 개떡같이 들릴 수밖에 없다.

나의 선택이 보편적이라고 믿는 이유

나는 있는 그대로의 세상을 보고 있기 때문에, 내 주관적 경험과 객관적 현실 사이에는 어떤 왜곡도 없다고 믿는 경향을 철학과 심리학에서는 '소박한 실재론(Naive realism)'이라고 한다. 소박한 실재론 때문에 사람들은 '내가 선택한 것을 다른 사람들도 똑같이 선택할 것'이라고 믿는다.

미국 스탠퍼드 대학교 리 로스(Lee Ross) 교수 연구팀이 1970년대 말에 수행했던 실험 내용이다.[2] 연구팀은 실험실에 모인 대학생들에게 '회개하라'는 문구가 적힌 피켓을 들고 캠퍼스를 돌면서 학생들의 반응을 관찰하는 실험 과제를 할 수 있겠느냐고 물었다. 물론 원하지 않는다면 다른 실험 과제로 대체할 수 있다고 알려주었다. 어떤 학생들은 이 실험에 동의했고, 또 어떤 학생들은 거절했다. 학생들이 자신의 참여 의사를 밝히고 나면 연구팀은 각 학생들에게 본교 학생 중 몇 %가 이 요구에 Yes 혹은 No라고 답할지 추정하게 했다.

자료를 분석한 결과, 회개하라는 문구를 들고 학교를 돌겠다고 응답한 학생들은 스탠퍼드 학생의 64%가 자기와 같은 선택을 할 것이라고 예측했다. 그러나 문구를 들고 다니지 않겠다고 답한 학생들은 불과 23%만이 그 요구에 응할 것이라고 예상했다. 이 연구 결과는 대부분의 사람들이 자신을 늘 보편적인 존재라고 믿고 있음을 보여준다.

'회개하라'는 문구를 들고 학생들의 의견을 관찰하겠다는 쪽에 동의한 학생들은 다음과 같이 상황을 해석했다.

"아는 사람 만나면 '그냥 실험일 뿐'이라고 말하면 돼. 창피할 이유가 없지."

"실험 과제에 꼭 참여해야 한다면 이런 새로운 게 훨씬 보람 있지."

즉, 피켓을 드는 상황이 크게 문제 될 것 없다고 해석한 것이다.

그러나 동의하지 않았던 학생들은 그 실험의 황당함과 무모함에 초점을 맞춰 상황을 해석했다.

"그런 피켓을 들고 다니다니! 다른 학생들이 날 어떻게 보겠어?"

"꼭 그걸 들고 다녀야만 사람들의 반응을 알 수 있는 건 아니지. 생각해보면 결과는 뻔한 것 아니겠어?"

"어차피 학점 때문에 하는 실험인데 누가 그런 황당한 모험을 하겠어?"

중요한 점은 양쪽 학생들 모두 자신의 그러한 생각과 느낌이 '정상'이라고 믿었기 때문에 다른 학생들도 자신처럼 상황을 해석하리라고 생각했다는 사실이다. 피켓을 들고 다니는 데 동의한 학생들은 다른 학생들도 그 행동을 대수롭지 않게 여길 것이라고 예상했고, 피켓을 들고 다니는 데 동의하지 않았던 학생들은 다른 학생들도 그 상황을 부적절한 행동으로 받아들일 거라고 짐작했다.

이런 자기중심적 프레임 때문에 우리는 다른 사람들도 나와 비슷할 것이라고 생각한다. 이런 현상을 '허위 합의 효과(false consensus effect)'라고 하는데 자신의 의견이나 선호, 신념, 행동이 실제보다 더 보편적이라고 착각하는 자기중심성을 나타내는 개념이다. 허위 합의 효과에 사로잡힌 우리가 깨달아야 할 사실은, 이 세상에는 자신과 생각이 다른 사람들이 예상보다 훨씬 많다는 점이다.

이미지 투사

자기중심적인 프레임을 갖고 있기 때문에 사람들은 자신의 이미지를 타인에게 투사하는 버릇이 있다.[3] 예를 들어 어떤 사람은 타인을 평가하거나 첫인상을 규정할 때 늘 "얼마나 똑똑한가?"라는 차원에서 본다. 누구를 만나든 "쟤는 똑똑해" "쟤는 능력 있어 보여" "쟤는 좋은 대학을 못 나왔어" "쟤는 성격만 좋아"라는 식으로 평가한다. 반면 어떤 사람은 늘 '좋은 사람(따뜻한 사람)'의 차원에서 타인을 평가한다. 가령 "정말 좋은 사람이야" "마음이 따뜻해"라는 식으로 말이다.

심리학자 레비츠키(Paul Lewicki)의 연구에 따르면 타인을 능력 차원으로 평가하는 사람은 자기 자신을 평가할 때도 능력을 가장 중요하게 생각한다. 자기 자신을 정의할 때 능력을 가장 중요한 요소로 보기 때문에 다른 사람을 평가할 때도 동일한 차원에서 평가하게 된다. 반면에 자신을 정의하는 데 있어 '따뜻함'을 중요하게 여기는 사람은 타인을 평가할 때도 동일한 차원에서 본다.

주변을 잘 살펴보라. 어떤 사람이 10명의 주변 사람을 평가할 때, 그 10명에 대한 평가는 대체로 한두 가지 차원에서 이루어지고 있음을 알 수 있다. 돈을 중시하는 사람은 그 10명의 사람을 돈으로 평가할 것이고, 날씬한 몸매를 중요하게 생각하는 사람은 타인들을 몸매로 평가할 것이다. 집이 없는 사람은 지나가는 사람들을 보고 '저 사람은 집이 있을 것 같아' '아파트가 저렇게 많은데 왜 우리 집은 없는 거야?'라고 생각한다.

결과적으로 우리가 다른 사람들에 대해서 말하는 평가나 내용을 보면, 다른 사람이 어떤 사람인지에 대해서보다 우리 자신이 어떤 사람인지를 더 많이 드러낸다. 그러니 자기 주변에 남을 헐뜯는 사람이 많다고 불평하는 사람이 있다면 가까이하지 않는 것이 좋다. 그 주변 사람이 실제로 남을 헐뜯는 사람이어서가 아니라, 그 사람 자신이 남의 허물을 습관적으로 들춰내는 사람일 가능성이 높기 때문이다. 반면에 세상은 아직 살 만한 곳이고 자기 주변에는 좋은 사람들이 많다고 말하는 사람은 가까이해도 좋다. 그 사람은 누구와 있어도 상대방의 장점부터 보기 때문이다. "뭐 눈에는 뭐만 보인다"는 옛말이 기가 막히게 들어맞는 셈이다.

뇌 속의 자기 센터

세상의 중심에 자기가 있다면 우리 뇌에도 '자기'와 관련된 정보만을 취급하는 특별한 영역이 있어야 하지 않을까? 다른 정보들에는 반응하지 않지만 '자기'가 등장할 때만 반응하는 일종의 '자기 센터'가 있다면, 세상을 보는 데 있어 자기가 중심 역할을 한다는 점을 분명하게 해줄 것이다.

다음 단어가 당신의 컴퓨터 화면에 제시되었다고 해보자.

그런 후에 다음 네 가지 질문 중 하나가 주어진다.

1) 이 단어가 당신을 잘 나타냅니까?
2) 이 단어가 오바마 대통령을 잘 나타냅니까?
3) 이 단어가 대문자로 쓰였습니까?
4) 이 단어가 Rude(무례한)의 동의어입니까?

주어진 질문에 동의하면 컴퓨터 자판의 'P'를, 동의하지 않으면 'Q'를 누른다. 몇 개의 형용사로 이런 질문을 반복한다고 가정해보자. 한참 시간이 흐른 뒤에 실험자가 깜짝 기억 검사를 실시해서, 앞에서 봤던 단어들을 모두 기억하게 했을 때 당신이 기억해낸 단어의 수는 위의 네 가지 조건 간에 차이가 있을까? 있다면 어떤 항목의 질문을 받았을 때 기억력이 가장 좋았을까?

4)번 질문은 제시된 단어의 의미를 묻는 질문이기 때문에 이 단어의 의미에 대해 생각을 해봐야 한다. 1)번과 2)번 역시 의미에 대한 질문이지만 1)번 질문을 받고는 '자신'에 대해 생각해봐야 하고,

2)번 질문을 받으면 '타인'에 대해 생각을 해봐야 한다. 3)번은 이 단어의 물리적 속성에 대한 질문이다. 3)번만 빼고는 모두 단어의 의미를 생각하게 하는 질문이다.

이 실험에서 반복적으로 나온 결과는 1)번 질문을 받은 사람들이 단어를 가장 많이 기억했다는 점이다. 똑같은 단어라도 '자기 자신'과 관련지어 생각하게 하면 기억을 더 잘한다는 얘기다. "내가 정직한가, 공손한가, 창의적인가?"라고 물어보는 것이 "철수가 정직한가, 공손한가, 창의적인가?"라고 물어보는 것보다 훨씬 더 기억에 도움이 된다는 사실은 '자기'에게 뭔가 특별한 것이 있다는 점을 보여준다. 어떤 것이든 자기 자신과 관련지어 바라볼 때 기억이 잘되는 이런 현상을 '자기 준거(self-reference) 효과'라고 한다.

이 실험을 하는 동안 당신의 뇌 활동을 촬영했다고 하자. 어떤 일이 벌어질까? 놀랍게도 사람들이 어떤 단어를 '자기'와 관련짓는 작업을 할 때는 뇌의 영역 중 내전전두피질이라는 부위가 활발하게 작동하는 것으로 밝혀졌다.[4]

같은 단어라도 그 단어의 의미를 다른 사람과 연관 지어 생각하거나, 혹은 그 단어의 의미가 아닌 물리적 속성으로 생각해볼 때는 내전전두피질 부위가 강하게 활동하지 않는다. 오직 그 단어가 자기 자신을 기술하는지를 생각할 때만 그 부분이 활성화된다는 점은 그 영역이 일종의 '자기 센터'임을 암시한다. 우리의 뇌 속에서도 '자기'는 글자 그대로 특별한 위치를 점하고 있는 셈이다.

마음의 CCTV, 조명 효과

1992년 동명의 영화를 TV 시리즈로 만들어 미국은 물론 세계적으로 인기를 모았고, 국내에서도 방영된 적이 있는 〈미녀와 뱀파이어 (*Buffy the Vampire Slayer*)〉를 보면 금발의 미녀 버피가 외팔이 뱀파이어 아밀린에게 다음과 같이 말하는 장면이 나온다.

"나는 괜찮지만 너는 정말 재수 없는 날이구나."
(I'm fine but you're obviously having a bad hair day.)

'bad hair day'라는 말은 헤어스타일이 엉망인 날, 설상가상으로 제대로 되는 일이 하나도 없는 재수 없는 날이라는 의미의 표현이다. 이 말이 언제부터 쓰이기 시작했는지는 알 수 없지만, 분명한 건 버피의 대사로 유명해졌다는 사실이다. 이 표현은 실제로 헤어스타일이 엉망인 날에 쓰이기보다는 남들 눈에는 'fine hair day'로 보이는데도, 정작 당사자만 자신의 머리를 가리키며 못마땅한 표정을 지을 때 더 적절하게 사용된다.

아침에 샴푸가 떨어지는 바람에 비누로 머리를 감고 출근한 날, 주위에선 아무도 그러한 사실을 눈치채지 못하는데도 스스로 'bad hair day'라고 불평하며 다닌다. 도둑이 제 발 저리는 식이다. 다른 사람들은 자신이 샴푸로 머리를 감았는지, 비누로 감았는지, 심지어는 머리를 감았는지 여부조차도 관심이 없는데, 그날따라 사람들이 자기 머리만 쳐다보고 있다고 착각하기 때문에 샴푸 대신 비누로 감은 머리가 금방 눈에 띌 것이라고 지레짐작한다. 이런 상황이 어디 머리 문제에만 국한되겠는가?

출근할 때마다 직장인들의 가장 큰 고민거리는 '오늘은 또 뭘 입고 나가지?'이다. 옷장 안에는 옷들로 꽉 차 있지만 막상 입고 나갈 옷이 없어서 난감하다. 연이어 같은 옷을 입고 출근하면 사람들이 금방 알아볼 것이라는 생각에 새 옷을 사지만 그것도 오래가지 못한다. 옷장에 옷이 가득해도 아침이면 또다시 입을 옷이 없다는 생각이 들게 마련이다.

이러한 착각은 '조명 효과(spotlight effect)'라는 심리 현상에서 비롯된다. 연극 무대에 선 주인공의 머리 위에는 늘 스포트라이트가 쏟아진다. 주인공 머리 위로 동그랗게 비춰지는 조명은 주인공이 움직일 때마다 따라다니고, 관객들은 주인공의 일거수일투족과 감정의 흐름을 자세히 관찰할 수 있다. 주인공이 어떤 의상을 입었는지, 어떤 신발을 신었는지, 어떤 대사를 하고 어떤 표정을 짓는지 관객들에게 그대로 드러난다. 따라서 스포트라이트를 받는 스타들에게는 '코디네이터'라는 사람이 그림자처럼 붙어 다니며 스타의 외모에 세심하게 신경을 써주는 것이 당연하다.

우리는 연극의 주인공이 아니다. 그런데도 사람들이 자신도 스타들처럼 조명을 받고 있다고 착각하면서, 다른 사람들의 시선에 필요 이상으로 신경 쓴다.

코넬 대학교의 토머스 길로비치(Thomas Gilovich) 교수가 대학원생들과 함께 수행한 실험은 이 같은 '조명 효과'의 실체를 잘 보여준다.[5] 40대 이상이라면 배리 매닐로라는 미국 가수를 기억할 것이다. 특히 올리비아 뉴튼 존과 듀엣으로 불렀던 〈This can't be real(이게 사실일 리 없어)〉이라는 노래는 한번쯤 들어본 적이 있을 것이다. 음악 평론가들로부터 큰 평가를 받지는 못했지만, 전 세계적으로 7,000만 장 이상의 음반이 판매될 정도로 잘 알려진 가수로 TV 광고 노래를 제작하고 직접 부르기도 했다. 그러나 젊은 대학생들에게는 큰 인기를 얻지 못했기 때문에 매닐로의 얼굴이 새겨진 티셔츠를 입고 다니는 것은 학생들 사이에서 민망한 일이었다.

길로비치 교수는 이 실험에서 한 학생에게 매닐로의 티셔츠를 입게 하고 4~6명의 대학생들이 기다리고 있는 실험실에 들어가 잠시 머물게 했다. 그런 후에, 티셔츠를 입은 학생에게 실험실에서 만났던 학생들 중에 몇 명이나 자신이 매닐로 티셔츠를 입었는지 알아차렸을까 추측하게 했다. 실험실에 있던 나머지 학생들에게는 그 학생이 무슨 티셔츠를 입고 있었는지 물었다. 그 결과, 티셔츠를 입은 학생은 실험실에서 만났던 학생들의 46% 정도가 자신이 매닐로 티셔츠를 입고 있었음을 알아맞힐 거라고 예측했다. 그러나 실제로는 23%만이 그 학생이 매닐로 티셔츠를 입고 있었다고 답했다.

이후의 실험에서는 학생들에게 코미디언인 제리 사인펠트의 사진이 찍힌 티셔츠를 입게 한 후 동일한 실험을 반복했다. 결과는 마찬가지였다. 실제로는 8%만이 그 학생이 무슨 옷을 입고 있었는지 기억해냈지만, 티셔츠를 입었던 학생은 절반가량인 48%가 자신이 무슨 옷을 입고 있었는지 알아맞힐 것이라고 예상했다.

가끔 "이런 옷을 입고 어떻게 그런 자리에 가지?"라거나 "이 신발과 이 옷은 어울리지 않아"라고 걱정하는데, 그러한 걱정은 대부분 과장된 것이다. 더욱이 사람들 눈에 잘 띄지 않는 것들, 예를 들어 양말의 디자인이나 구두 앞코의 각도 정도라면 그 근심은 전적으로 무시해도 된다.

우리는 다른 사람들이 나를 주시하고 있다고 ~~생각하지만 실제~~ ~~나디를 모고~~ 있는 것은 남이 아닌 바로 자기 자신이다. 마음속에 CCTV를 설치해놓고 자신을 감시하고 있으면서도 다른 사람들이 자신을 주목하고 있다고 착각한다. 이제 그 CCTV 스위치를 꺼버려야 한다. 세상의 중심에서 자신을 조용히 내려놓는다면 사소한 것에 목숨을 거는 어리석은 일은 지금보다 훨씬 줄어들 것이다.

너는 나를 모르지만 나는 너를 알고 있다

자기 프레임을 과도하게 쓰다 보면 '나는 너를 알지만 너는 나를 모른다'는 착각을 하게 된다. 자신은 결코 치우침 없이 객관적으로 다른 사람을 바라보지만, 다른 사람들은 자신을 있는 그대로 보지 않고 끊임없이 오해한다고 생각한다. 나는 타인에 의해 끊임없이 오해받고 왜곡당하지만 '나는 너를 잘 알고 있다'고 믿는다.

이런 오해는 집단 수준으로까지 확대된다. 우리 집단, 우리 민족은 다른 집단이나 다른 민족에 의해 왜곡되어 그려지고 있지만, 우리는 그들을 제대로 알고 있다고 믿는 착각을 불러일으킨다. "일본 사람들은 우리 민족을 잘 몰라" "도대체 브리짓 바르도가 우리 문화를 얼마나 안다고 우릴 야만인으로 규정하는가?"라고 분개하지만, 우리가 다른 문화를 얼마나 오해하고 있는지에 대해서는 무감각하다.

'나는 너를 잘 알지만 너는 나를 잘 모른다'라는 생각의 뿌리를 좀 더 깊게 파헤쳐보기 위해 우리 연구팀은 다음과 같은 연구를 수행했다.[6] 이 연구에 참가한 사람들에게 두 가지 질문을 던졌다. 첫 번째 질문은, 처음 만나는 사람과 10번을 만날 기회가 주어졌을 때 몇 번 정도 만나면 그 상대방을 정확하게 파악할 수 있다고 생각하는지 물었다. 반대로 그 상대방이 자신을 정확하게 이해하기 위해서는 자신과 몇 번이나 만나야 한다고 생각하는지도 물었다. 두 사람 모두 초면이었기 때문에 서로에 대한 사전 지식이 없기는 마찬가지였다.

응답을 분석한 결과, 사람들은 상대방이 자신을 이해하는 데 필요한 시간보다 자신이 상대방을 이해하는 데 필요한 시간을 적게 보았다. 다시 말해 '나'의 입장에서 타인은 짧은 시간에도 파악할 수 있는 '단순한 존재'이지만, 나 자신은 그 누구에 의해서도 쉽게 파악할 수 없는, 그래서 오랜 시간을 들여야 제대로 이해될 수 있는 '복잡한 존재'로 보고 있다는 얘기다. 나는 한눈에 척 보면 너를 알지만, 너는 척 봐서는 나를 모른다는 생각이 깊게 깔려 있는 것이다. 어떤 사람이 단 5분 만에 당신이 어떤 사람이라고 단정한다면 무척 화가 날 것이다. 그런데도 당신은 5분이면 충분히 다른 사람을 판단할 수 있다고 자신한다.

사람들은 다른 사람의 내면이 겉으로 드러난다고 믿기 때문에, 겉으로 보이는 특징적인 몇몇 행동을 보면 그 사람을 이해할 수 있다고 생각한다. 걷는 모습, 머리 스타일, 옷 입는 스타일, 목소리 크기, 글씨체, 좋아하는 색깔, 자주 듣는 음악…. 이런 단서들이면 충분히 그 사람이 어떤 사람인지 파악할 수 있다고 믿는다. 글씨를 조그맣게 쓰는 사람은 성격도 소심할 거라고 지레짐작한다든지, 발라드를 좋아하는 사람은 창의성이 없다고 믿는다든지, 심지어 라면을 먹을 때 면을 먼저 먹는지, 국물을 먼저 먹는지를 보면 그 사람의 성격을 알 수 있다는 등의 황당한 주장도 나온다.

만약 애인이 "넌 혈액형이 B형이라서 내 결혼 상대로는 적합하지 않아"라고 말한다면 어떨까? 또 "당신은 너무 소심해"라고 말하는 상대방에게 왜 그렇게 생각하느냐고 물었더니, "넌 글씨를 너무 작게 써!"라는 대답이 돌아온다면? 편안한 자세로 앉아서 발라드를 감상한다는 이유로 상사가 더 이상 창의적인 일을 맡기지 않는다면? 당신이 이런 상황을 겪는다면 분명 어이없어하며 자신이 제대로 평가받지 못한다고 발끈할 것이다. "어떻게 감히 그런 사소한 이유를 가지고 나의 내면을 판단할 수 있단 말인가!" 하고 말이다.

그러니 오해하지 말자. '나는 너를 알지만 너는 나를 모른다'는 생각은 자기중심성이 만들어낸 착각이고 미신일 뿐이다. 정답은 '나도 너를 모르고 너도 나를 모른다'거나 '나는 네가 나를 아는 정도만 너를 안다'이다.

"예수님도 고향 사람들로부터는 인정받지 못했어"라는 멋진 비유까지 들어가면서 '난 지금 오해받고 있다'고 착각하지 마라. 더 큰 오해는 '내가 남을 알고 있다'는 바로 그것이다.

내가 사는 이유, 네가 사는 이유

누군가에게 본인이 외향적이냐고 물었을 때 가장 빈번히 나오는 대답은 '그때그때 다르다'이다. 친한 친구들과 있을 때는 수다쟁이가 되지만, 잘 모르는 사람 앞에서는 한없이 조용해지기 때문에 내 자신을 한마디로 규정하기는 어렵다고 느낀다. 그러나 다른 사람의 성격에 대해 같은 질문을 던지면 대부분 자신 있게 '하나의 답'을 내놓는다. 그 사람은 외향적이거나 내성적이거나 둘 중 하나다.

다른 사람의 행동은 그 사람의 성격이나 신념 같은 내적인 요소들로 설명하지만, 우리 자신의 행동은 상황적인 요인들로 설명한다.[7] 네가 약속 시간을 지키지 않은 것은 무책임하기 때문이고, 내가 늦은 것은 차가 막혔기 때문이다. 네가 내 생일을 잊어버린 것은 사랑이 식었기 때문이고, 내가 네 생일을 잊어버린 것은 실수였다. '넌 원래 그런 사람이라서' 그런 실수를 하는 것이고, '난 어쩌다 보니' 그런 실수를 한 것이다. 네 마음속에는 진짜 그런 마음이 있기 때문에 심한 말도 서슴지 않는 것이고, 나는 단지 실수로 말이 잘못 나왔을 뿐이라고 합리화시킨다.

타인의 행동에 대한 이런 식의 판단은 인간관계에서 심각한 오해를 불러온다. 상대방이 그렇게 행동할 수밖에 없었던 상황을 먼저 고려해보는 '난 상대 그게 서범이나 내가 가질것기 때문이다.

진정한 지혜는 내가 나 자신의 행동을 설명하는 것과 동일한 방법으로 다른 사람의 행동을 설명하는 마음의 습관에서 나온다.

Chapter 04를 나가며

심리학자들은 '자기'를 가리켜 '독재 정권'이라고 부른다. 국민들이 읽고 말하고 보는 것까지 간섭하고 통제하는 독재 정권처럼 '자기'라는 것이 우리가 세상을 보는 방식을 일방적으로 결정해버리기 때문이다. 이런 자기중심성에서 벗어나는 순간 삶의 여러 면에서 놀라운 변화가 일어난다.

『몰입의 즐거움(*Finding Flow*)』의 저자 미하이 칙센트미하이(Mihaly

Csikszentmihalyi)는 사람들이 어떤 일에 깊이 몰입해서 자기 자신에 대한 자각이 없어지는 상태를 '몰입(Flow)'이라 하고, 몰입 상태가 행복과 성취를 가져온다고 주장한다.

정신병리학자들은 주변에서 일어나는 모든 일들을 자기 자신과 관련시켜 해석하는 경향이야말로 정신 건강을 해치는 주범 중 하나라고 지적한다. 많은 심리학 연구들은 '자기'에 대한 지나친 생각이 남들과 자기 자신을 자주 비교하게 만들고 결국 행복을 저하시킨다는 점을 잘 보여준다.

자기 자신이 세상을 바라보는 소통의 창구가 되는 것을 막을 순 없다. 하지만 지혜는 우리에게 이런 자기중심성이 만들어내는 한계 앞에서 철저하게 겸허해질 것을 요구한다.

Chapter 05

사람인가 상황인가,
인간 행동을 보는 새로운 프레임

지금보다 더 자주 평균으로 세상을 보는 프레임을 가져야 한다.
그러려면 예외와 우연을 인정해야 한다.
지구가 둥글다고 하지만, 실상 매끈한 형태의 구(球)는 아니다.
그럼에도 불구하고 지구를 '구'라고 부르는 이유는 평균 때문이다.
여기저기 울퉁불퉁한 부분이 있더라도 평균적으로 보면 지구는 둥글다.
사람을 보는 우리의 눈도 그래야 한다.

행동의 원인, 사람인가 상황인가?

"아이히만! 당신과 당신의 상사들은 누가 이 세상에 살 권리가 있는지 없는지를 결정할 권리를 가진 것처럼 행동해서, 그래서 유대인과 다른 민족 사람들과는 함께 살 수 없다는 정책을 펴왔소. 이제 우리 중 그 누구도, 이 땅에 존재하는 인류 중 그 누구도, 당신과 이 땅에서 함께 살 수는 없음을 밝히오. 이 이유만으로도 당신은 마땅히 교수형에 처해져야 하오."

Just as you [Eichmann] supported and carried out a policy of not wanting to share the earth with the Jewish people and the people of a number of other nations — as though you and your superiors had any right to determine who should and who should not inhabit the world — we find that no one, that is, no member of the human race, can be expected to want to share the earth with you. This is the reason, and the only reason, you must hang.

히틀러의 2인자 노릇을 했던 아돌프 아이히만(Otto Adolf Eichmann, 1906-1962)에 대한 세기의 재판을 참관했던 독일계 유태인 정치철학자 한나 아렌트(Hannah Arendt)가 쓴 책의 맨 마지막 구절이다. 아렌트는 유태인으로서 나치의 핍박을 받았고, 그 핍박을 피해 미국으로 망명했다. 따라서 이 책은 당연히 아이히만에 대한 분노를 담고 있으리라 예상할 수 있다. 뿐만 아니라 이 책이 유태인들의 열렬한 환영을 받았을 것이라고 상상할 수 있다. 그러나 아이러니하게도 아렌트의 책은 유태인들에게서 분노로 가득 찬 비난을 받았다. 심지어 그와 절친한 관계에 있던 사람들이 절교를 선언할 정도로 아렌트의 책은 공분을 불러일으켰다. 도대체 왜 그랬을까?

그 이유에 대한 힌트를 책의 제목에서 실마리를 찾을 수 있다.

『예루살렘의 아이히만: 악의 평범성에 대한 보고서』(1963)

(*Eichmann in Jerusalem: A Report on the Banality of Evil*)

이 책은 아렌트가 〈뉴요커(*The New Yorker*)〉라는 잡지를 위해 아이히만 재판을 취재한 결과를 담고 있는데, 책의 부제에 들어 있는 "Banality of Evil"이라는 표현이 아렌트를 둘러싼 논란의 이유를 보여준다. 'banal'이란 영어 단어는 '평범한, 여기저기서 흔히 볼 수 있는'이라는 뜻이다. 따라서 "banality of evil"은 '악의 평범성' 정도로 번역될 수 있다.

나치의 반인륜적인 악행을 설명할 때 사람들은 '소수의 악인, 소수의 사이코패스가 저지른 악행'이라는 프레임을 사용한다. 보통 사람이라면 누구나 저지를 수 있는 악의 평범함이 아니라, 오직 극소수의 악인들만이 저지르는 악의 비정상성. 그것이 나치 학살에 대해 우리가 믿고 싶어 하는 프레임이다.

그러나 아렌트의 책은 이 프레임에 대한 도전이었다. 아렌트는 유태인을 학살한 아이히만을 사이코패스나 괴물로 그려내지 않고, 우리 주변에서 흔히 볼 수 있는 평범한 인간으로 그려냈다. 머리에 뿔이라도 달렸음 직한 인격 파탄자가 아니라, 주어진 임무를 충실히 수행한 필부(匹夫)로서의 아이히만을 부각시키면서, 악(惡)이란 소수의 특정 악인에게만 존재하는 것이 아니라 보통의 존재 누구에게나 있을 수 있음을 주장하였다. 유태인들로서는 결코 받아들일 수 없는 비상시적인 주장이었다.

과연 악은 극소수 악인의 산물인가, 아니면 우리 주변에 널리 퍼져 있는가? 이 질문에 대하여 어떤 답을 하는지를 보면 그 사람이 인간의 행동에 관하여 어떤 프레임을 가지고 있는지 알 수 있다. 인간의 행동이 '내면의 결과'라는 프레임을 갖고 있으면, 나치의 만행은 소수의 악인이 저지른 산물이다. 그러나 행동이 '상황의 산물'이라고 생각한다면, 아이히만의 행동은 그 상황에서는 누구라도 그렇게 할 수밖에 없었던 행동으로 받아들여진다.

사람인가, 상황인가?

이 이슈에 대하여 어떤 프레임을 갖느냐에 따라 우리의 많은 행동이 달라진다. 문자메시지에 응답하지 않는 사람을 두고 그를 비난할 것인가, 그의 상황을 이해해보려고 노력할 것인가? 범죄를 저지른 사람에게 중형을 선고할 것인가, 정상을 참작할 것인가? 이 모든 문제들은 사람 프레임과 상황 프레임 사이의 선택의 문제다.

지난 수십 년간 사회심리학 연구가 밝혀낸 사실은 보통의 사람들은 '사람 프레임'으로 세상을 본다는 점이다. 보통의 존재는 어떤 사람이 착한 일을 하는 이유는 그 사람이 착하기 때문이고, 악한 일을 하는 이유는 그 사람이 악하기 때문이라는 '사람 프레임'의 지배를 받는다. 그러나 놀랍게도 '사람 프레임'이 언제나 옳다는 과학적 증거는 생각보다 빈약하다. 오히려 사람의 행동은 그가 처한 상황에 의해 결정된다는 '상황 프레임'을 지지하는 증거가 많다.

'사람 프레임'에서 '상황 프레임'으로의 변화는 천동설에서 지동설로의 변화만큼이나 혁명적이다. 지동설을 믿을 만한 일상의 경험적 증거는 별로 없다. 과학 시간에 배우지 않았더라면, 지구가 그렇게 빠른 속도로 돌고 있는데도 우리가 넘어지지 않고 멀쩡하게 서 있을 수 있다는 사실을 어떻게 받아들이겠는가? 과학이 알려주지 않았다면 우리의 경험만으로 지구가 돌고 있다는 사실을 깨닫기는 지금까지도 어려웠을 것이다.

마찬가지로 악이 사람이 아니라 상황에 의해 유발된다는 점도 일상의 경험만으로는 쉽게 납득이 가지 않는다. 상황이 원인이라면, 어떤 상황에서는 누구나 예외 없이 악을 저질러야 하고 또 다른 상황에서는 누구나 예외 없이 선을 행해야 한다. 하지만 우리 주변에서 악을 행하는 사람도 소수이고, 선을 행하는 사람도 소수에 지나지 않는다. 따라서 '그런 유의 사람만이 그런 행동을 한다'는 사람 프레임이 설득력을 가질 수밖에 없다.

우리의 경험이 천동설을 지지하더라도 과학적 연구에 의해 지동설을 믿듯이, 우리의 경험이 사람 프레임을 지지하더라도 과학적 연구에 기초하여 상황 프레임을 받아들여야 한다. 상황을 고려하지 않은 채 사람 프레임만을 고수하게 되면 인간관계에서 서로에 대한 오해는 계속될 것이고, 결국 우리는 정확하지 않은 눈으로 세상을 보게 될 것이다.

평균으로 세상을 보는 프레임

'사람인가, 상황인가'의 문제를 논하기 전에 짚고 넘어가야 할 문제가 있다.

"만일 상황이 원인이라면, 어떤 상황에서는 누구나 예외 없이 악을 저질러야 하고 어떤 상황에서는 누구나 예외 없이 선을 행해야 하는데, 우리 주변에서 악을 행하는 사람도 소수이고, 선을 행하는 사람도 소수에 지나지 않는다. 따라서 '그런 류의 사람만이 그런 행동을 한다'는 사람 프레임이 설득력을 가질 수밖에 없다."

과연 이 말은 타당한가?

반드시 그렇지만은 않다. 과학은 평균의 프레임으로 세상을 설명하기 때문에 예외를 인정한다. 따라서 과학을 표방하는 심리학에서는 모든 사람에게 언제나 동일하게 적용되는 법칙을 중요하게 생각하지 않는다. 일부 예외가 있더라도 평균적으로 들어맞는 법칙을 찾으려 한다. 그러나 일반인들은 어떤 예외도 인정하지 않는 프레임으로 세상을 보고 싶어 한다. 예외가 발견될 경우, 규칙을 믿으려 하지 않는다.

과학은 담배를 피우면 폐암에 걸릴 가능성이 높다고 주장한다. 그렇다고 해서 모든 흡연자가 폐암에 걸린다고 주장하지는 않는다. 쉴 새 없이 줄담배를 피워대는 사람이 천수를 누리기도 하고, 담배라곤 입에 대지도 않는 사람이 폐암에 걸리기도 한다. 과학은 남자가 여자보다 공간 능력이 뛰어나다고 주장한다. 그러나 모든 남자가 예외 없이 모든 여자보다 공간 능력이 낫다고 주장하지는 않는다. 마찬가지로, 상황이 행동의 주범이라고 해서 어떤 상황에서는 모두가 예외 없이 같은 행동을 보여야 한다는 의미는 아니다. 따라서 같은 상황에서 사람마다 행동이 다르다고 해서 그것이 곧 사람 프레임이 더 타당함을 보여주는 것은 아니라는 사실을 인식할 필요가 있다.

우리는 지금보다 더 자주 평균으로 세상을 보는 프레임을 가져야 한다. 그러기 위해서는 예외와 우연을 인정해야 한다. 예외와 우연은 확률과 통계의 미학이고, 오늘의 과학을 가능케 한 핵심 요소다. 어떤 우연이나 예외도 인정하지 않고 모든 것을 설명하려 해서는 규칙을 발견하기가 쉽지 않다. 지구가 둥글다고 하지만, 실상 지구 표면을 보면 산도 있고 계곡도 있기 때문에 매끈한 형태의 구(球)는 아니다. 그럼에도 불구하고 지구를 '구'라고 부르는 이유는 평균 때문이다. 여기저기 울퉁불퉁한 부분이 있더라도 평균적으로 보면 지구는 둥글다. 사람을 보는 우리의 눈도 그래야 한다.

행동의 원인은 밖에 있다

1964년 3월 27일 〈뉴욕타임스〉에 대단히 자극적인 제목의 기사가 실렸다.

"살인 사건을 목격한 38명 중 한 사람도 경찰에 신고하지 않았다."

사건의 내용은 다음과 같다. 키티 제노비스라는 여성이 일을 마치고 밤에 귀가하던 도중, 강도를 만났다. 그녀의 비명에 잠에서 깬 주민들이 창밖으로 그 장면을 보기 시작했다. 범인은 놀라서 도망쳤지만, 아무도 그녀를 도와주러 나오지 않았고 경찰도 오지 않자 범인은 되돌아와서 제노비스를 재차 공격했다. 제노비스는 결국 살해당하고 말았다.

그 기사에는 어떻게 그 많은 목격자들 중에서 단 1명도 경찰을 부르지 않았는지에 대한 안타까움과 함께, 현대사회가 사람들을 회색 인간으로 만든다고 개탄하는 분석이 실렸다. 아마 우리 사회에서 유사한 사건이 있었어도 비슷한 분석들이 쏟아져 나왔을 것이다. 이때 몇 명의 심리학자들이 전혀 다른 프레임으로 이 사건을 분석하기 시작했다.

심리학자들이 주목한 것은 목격자들의 인간성 상실이 아니라 '목격자들이 많았다'는 상황 그 자체였다. 목격자들이 많았다는 점은 주민들이 자기만 범행을 목격하고 있는 것이 아니라 다른 사람들도 그 장면을 보고 있다고 인식하였음을 의미한다. 바로 그 점이었다. 나 말고도 다른 구경꾼이 많다는 사실, 그 사실이 역설적으로 사람들로 하여금 도움을 주는 행동을 방해한다. 만일 목격자가 자기 혼자였다면 즉시 경찰을 불렀을 것이다. 그러나 그들은 다른 사람이 이미 경찰을 불렀을 것이라고 짐작했다. 설사 끔찍한 일이 벌어지더라도 자기 혼자만의 책임이 아니라는 책임감의 분산도 경험했을 것이다.

자기 혼자 그 장면을 목격하고도 경찰을 부르지 않았다면 비극적 결말에 대한 모든 도덕적 책임은 본인이 져야 한다. 따라서 매우 역설적으로 들리겠지만, 위급 상황에서는 목격자들의 수가 늘어날수록 그 상황에 개입하여 도움을 줄 행동의 가능성은 오히려 줄어들 수도 있다. 이를 '방관자 효과(The Bystander Effect)'라고 한다.

2014년에 이 사건의 구체적인 사실이 상당 부분 왜곡되었다는 내용을 담은 책이 미국에서 발간되었다. 케빈 쿡(Kevin Cook)이라는 저널리스트가 쓴 책『키티 제노비스: 살인, 방관자, 미국을 바꾼 범죄(*Kitty Genovese: The Murder, the Bystanders, the Crime that Changed America*)』에 따르면 원래의 신문 기사는 사건의 중요한 사실들을 확인조차 하지 않고 쓰였다.

예를 들면, 기사에서는 "현장에 38명의 목격자가 있었다"라고 밝히고 있지만, 실제로는 최소한 49명의 목격자가 있었던 것으로 드러났다. "단 1명도 돕지 않았다"라고 했지만, 실제로는 키티를 도우려는 시도가 있었다. 따라서 38명의 목격자, 더 나아가 그들이 살았던 지역(Tew Genden) 그리고 나아가 현대시 인간성을 상실했다는 〈뉴욕타임스〉의 기사는 경찰의 무능과 황색 저널리즘이 만들어낸 거짓이었다. 경찰이나 언론 모두 "현대사회가 만들어낸 인간성 상실"이라는, 모든 사람들의 입맛에 맞는 스토리를 만들어내고 싶어 했던 것이다.

그러나 이런 사실 왜곡에도 불구하고 이 사건과 일련의 후속 연구들이 상황 프레임의 중요성에 대해 던지는 메시지는 여전히 유효하다. 쿡의 새로운 책에서도 방관자 효과의 증상이 이야기된다. 예를 들어, 키티의 피습을 목격한 사람들이 즉각적으로 경찰에 알리기보다는 서로에게 그 일을 떠넘김으로써 골든타임을 놓쳤고, 결국 키티를 살릴 수 있는 시간을 낭비하고 말았다고 적고 있다.

키티 제노비스 사건만으로 상황 프레임의 중요성을 강조하기에는 불충분하기 때문에 관련된 연구들을 더 살펴볼 필요가 있다.

흰 연기의 비극

미국 컬럼비아 대학교에서 흥미로운 연구 하나가 진행되었다.[1] 실험에 참가한 사람들이 설문지를 작성하는 동안, 실험자는 용무를 보기 위해 실험실을 떠났다. 참가자들이 설문지를 작성하는 도중에 실험실 구석에서 연기가 피어오르기 시작하였다(물론 이는 설정이었다). 대낮에 대학 실험실에서 정체불명의 연기가 솟아오르는 일은 흔치 않다. 분명 뭔가 잘못되고 있는 것이다. 연구자들의 관심사는 '참가자들이 얼마나 빨리 이 상황을 실험자에게 알려서 조치를 취하게 하는지'였다. 사람이 많다는 것이 위급 상황에서 행동을 취할 가능성을 정말로 떨어뜨리는지를 검증하기 위해, 이 실험에서는 설문지를 함께 작성하고 있는 사람들의 수를 달리했다. 어떤 사람은 혼자서, 어떤 사람은 다른 두 명의 사람과 함께 설문지를 작성하였다.

가설과 일치하게, 사람이 늘어날수록 참가자가 실험자에게 위험을 알리는 행동은 감소하였다. 혼자 있을 때는 75%의 사람들이 실험자에게 그 상황을 보고하였지만 다른 두 명의 참가자가 있을 경우에는 겨우 38%만이 실험자에게 보고하였다. 심지어 연기 때문에 앞이 안 보이고 눈물이 날 지경이 되도록 사람들은 그 자리에 앉아 있었다. 대낮에 명문 대학 실험실에서 연기가 솟아오르는데도 모든 사람들이 '여기 있는 사람들이 다 그냥 있는 걸로 봐서 별일 아니겠지'라고 생각하였던 것이다. '실험실에서 가끔 일어날 수 있는 대수롭지 않은 일인가 보다'라고 서로가 서로를 보면서 안심하였다. 그들의 준법정신이 약해서도 아니고, 안전의식이 약해서도 아니다. 바로 상황 때문이다. 다른 사람들이 위급 상황에 함께 있다는 점, 바로 그 상황적 변수가 사람들을 위기 상황에서 주저하게 만든다.

인간의 행동이 본성이 아니라 상황 때문에 발생할 수 있다는 사실을 아는 것이 왜 그렇게 중요할까? 이에 답하기 위해서 2003년 2월 18일로 시간여행을 떠나보자.

2003년 2월 18일.

그날 아침 나는 학교 체육관에서 운동을 하고 있었다. 때마침 체육관 TV에서 긴급 뉴스가 나오기 시작했다. 대구 지하철역에서 화재가 발생했다는 속보였다. 처음에는 평범한 화재려니 했으나, 시간이 지날수록 그 화재는 끔찍한 재앙으로 변해갔다. 결국 192명이 사망하고 148명이 부상을 입은 대참사가 되고 말았다. 온 국민들을 깊은 슬픔에 잠기게 한 것은 단순히 사망자의 규모만은 아니었다. 사망자들이 남긴 애절하고 간절한 음성 통화와 문자메시지들이 전 국민을 더욱 비통하게 만들었다. 저자를 더 슬프게 만들었던 것은 당시 지하철 내부의 모습을 담은 충격적인 사진 한 장이었다.

그 사진을 보면 객차 안에 이미 연기가 자욱하게 차 있음을 알 수 있었다. 그런데도 사람들은 별다른 동요를 보이지 않았다. 이들이 위험을 감지하고 빨리 객차에서 나왔더라면 희생자의 수는 훨씬 줄었을 것이다. 이 사진이 충격적이었던 것은 앞에서 소개한 컬럼비아 대학교 실험 장면과 너무나 유사했기 때문이다.

만약 그 객차 안에 사람이 거의 없었다면 사람들은 객차에 차오르는 연기를 보고 즉시 어떤 행동을 취했을지도 모른다. 그러나 많은 사람들이 아무렇지도 않게 자리에 앉아 있는 모습을 보고 사람들은 '별일 아닌가 보다'라고 생각했을 가능성이 높다. 내심 불안하고 이상했겠지만 가만히 있는 주변 사람들을 보고 안심했을 것이다. 객차에 있던 사람들은 서로를 보면서 '지하철 안에서 이런 일이 가끔 있나 보다' '나서지 말아야지'라는 생각을 똑같이 했기 때문에 그 즉시 빠져나올 생각을 하지 못했을 수도 있다.

물론 대구 지하철 화재 참사는 여러 각도에서 분석되어야 한다. 안전 매뉴얼 마련, 승무원의 윤리의식, 화재 예방 체계 마련 등과 같은 다양한 대책이 뒤따라야 한다. 그러나 사람들이 많으면 우리의 위험 인식이 저하된다는 심리적 기제에 대해서는 충분한 논의가 이루어지지 않았다. 인간의 행동에 영향을 주는 상황의 힘을 제대로 알고 있었더라면 조금이라도 피해가 줄지 않았을까? 이 생각 때문에 대구 지하철 참사만 생각하면 아직도 안타깝다. 다수의 사람들과 함께 있으면 위험 인식이 줄어든다는 지식을 가지고 있다면, 타인과 함께 있을 때 안전행동을 의도적으로 더 하게 될 것이다. 우리가 상황 프레임을 가져야 하는 이유다.

군중의 힘

미국 미시간 대학에는 오랜 전통으로 내려오는 학생들만의 연례 행사가 있었다. '누드 마일(Nude Mile)' 또는 '네이키드 마일(Naked Mile)'이라고 불리는 행사로, 매년 마지막 수업날 밤 12시에 학생들이 옷을 벗은 채로 1마일을 뛰는 것이다. 자발적 행사이기 때문에 참가가 의무 사항은 아니었다. 원래는 이 대학의 아이스하키 팀 선수들이 졸업 기념으로 시작했던 작은 행사가 해를 거듭하면서 이 학교의 전통으로 자리 잡게 되었다. 이 행사를 처음 구경하던 날, 그 규모에 깜짝 놀랄 수밖에 없었다. 아무리 자유분방한 미국의 대학이라고 하더라도 벌거벗은 채로 달리는 행사에 참가한 학생들의 수가 너무 많았다. 그들은 왜 그럴 수 있었을까?

바로 군중이라는 상황의 힘 때문이다. 이 학생들도 혼자서는 결코 옷을 벗고 캠퍼스를 뛰지 않는다. 그러나 군중이라는 상황에 놓이게 되면 사람들은 마치 투명인간이 된 것과 유사한 심리 상태를 경험한다. 자신이 다른 사람에게 보이지 않는다고 생각하면 사람들은 평소에는 자제하던 행동들, 심지어 충동적이고 비윤리적인 행동을 하게 된다. 군중 속의 개인이 바로 그런 심리 상태를 경험하게 된다.

군중이라는 상황이 사람의 행동을 극적으로 바꾸는 경우는 대학

캠퍼스에서만 일어나는 것이 아니다. 1964년 6월 8일 〈뉴욕타임스〉에 매우 흥미로운 기사가 실렸다. 기사에 따르면 푸에르토리코 출신의 한 남자가 고층 빌딩에서 뛰어내려 자살하려는 긴박한 상황을 500명가량 되는 사람들이 구경만 하고 있었다. 마땅히 그 사람을 걱정하고 만류해야 할 군중들이 오히려 "뛰어내려!"라고 외쳤다는 충격적인 기사였다.

군중 상황이 사람들을 돌변시키는 경우는 미국과 같은 특정 국가에만 국한되는 것도 아니다. 2007년 1월 4일, 우리나라 〈연합뉴스〉에 다음과 같은 기사가 실렸다.

지난 2일 중국 쓰촨(四川)성 청두(成都)시 도심에서 남자 친구와 다툰 뒤 이를 비관한 우(吳)모 양이 한 호텔의 6층 창가에서 자살을 기도할 당시 이를 지켜보던 구경꾼들이 "빨리 뛰어내려"라고 부추겼다. 구경꾼들은 자살 기도 현장을 에워싼 채 우 양에게 소리를 지르거나 휴대폰 카메라로 사진을 찍고 친구들을 불러 모았다고 쓰촨성 일간지 〈천부조보(天府早報)〉가 4일 전했다. 일부는 맞은편 건물에서 노래를 부르기도 했으며, 결국 우 양이 다섯 시간 만에 설득당해 자살을 포기했을 때엔 구경꾼들은 야유를 퍼부었다. 네티즌들은 이 소식을 전해 듣고 "도덕이 패륜에 이르렀다" "루신(魯迅)이 쓴 '정신이 마비된 중국인'을 보는 듯하다"며 구경꾼들에게 맹비난을 퍼부었다.

고층 빌딩이나 다리 위에 올라가서 자살을 시도하는 사람이 있을 때 구경하던 사람들의 수가 늘어나서 대규모 군중이 되면 사람들의 행동은 달라진다. 혼자서 볼 때는 자살 시도자를 걱정하던 사람들이 심지어 "뛰어내려"라고 소리치는 야수와 같은 모습으로 돌변한다. 1964년 6월 8일에 뉴욕에서 가장 비인격적이고 몰지각한 사람들이 그곳에 우연히 모여 있었을까? 중국 청두시에서 인간성이 가장 못된 사람들이 하필이면 그날 그 호텔 앞에 우연히 모여 있었던 것일까? 아니면 중국 네티즌들의 반응처럼 정말 도덕이 패륜에 이른 것일까?

이와 같은 일에 때 민감지으로 밀세관다는 사실에 주주관 예일 대의 만(Mann) 교수는 이 현상이 개인의 본성 때문이라기보다는 군중이라는 상황 때문에 발생하는 데 주목하고, 이런 군중을 가리켜 '미끼 군중(baiting crowd)'이라고 불렀다.[2] 개인이 군중이라는 상황 속에서 경험하는 자아 실종 현상을 심리학에서는 '몰아(沒我, deindividuation)'라고 부른다. 글자 그대로 군중이라는 거대한 바닷속으로 개인의 정체성이 침몰하고 마는 현상이다. 따라서 이런 경우에 각 개인의 내면만 탓하는 것은 옳지 않다. 도덕이 패륜에 이르렀다는 식으로 지나치게 거대한 담론을 이끌어내는 것도 옳지 않다. 그보다는 행동할 당시의 상황 그 자체에 주의를 기울일 필요가 있다.

군중이라는 상황의 힘이 내면의 힘을 능가하는 현상이 성인들에게서만 발견되는 것은 아니다. 할로윈에는 아이들이 이웃집에 몰려다니면서 '트릿 오어 트릭(treat or trick)'이라고 외치며 사탕을 선물로 받는다. 할로윈 날에 이루어진 한 연구에서 집 주인이 사탕 항아리를 미리 준비해놓고 아이들에게 '하나씩만' 가져가라고 말하고는 일부러 집 안으로 들어갔다.[3] 몰래 카메라를 통해서 아이들이 주인의 말대로 하나씩만 가져가는지, 아니면 그 이상을 가져가는지 관찰하였다. 놀랍게도 아이가 혼자 왔을 때는 집주인의 말대로 하나씩만 가져가지만, 여럿이 함께 왔을 때는 주인의 말을 어기고 2개 이상의 사탕을 가져갔다! 어린아이들도 옆에 다른 아이들이 많이 있으면 못된 행동을 한다. 아이들의 본성이 악한 것인가? 아니다. 군중이라는 상황이 아이들의 행동을 극적으로 바꿔놓은 것이다.

타인, 가장 매력적인 정답

상황의 힘에 관한 가장 유명한 연구가 1951년 미국 스와츠모어 칼리지 캠퍼스에서 진행되었다.[4] 심리학자 솔로몬 애쉬에 의해 수행된 이 연구에서 8명의 남학생들이 한 팀이 되었다. 그중 진짜 피험자는 단 1명이고, 나머지 7명은 실험자를 돕는 동조자들이었다. 물론 진짜 피험자는 이 사실을 모르고 있었다. 이들의 과제는 왼쪽 카드에 그려진 선분의 길이와 같은 선분을 오른쪽 카드에서 고르는 일이었다. 명문 스와츠모어 학생들에겐 너무나 쉬운 과제였다.

〈애쉬의 선분 자극〉

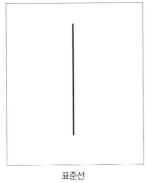
표준선

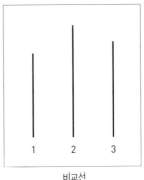
비교선

7명의 동조자들이 매 회마다 어떤 선분을 정답으로 선택해야 할지 미리 각본이 짜여 있었다. 이들은 2회차까지 모두 정답을 선택하였다. 세 번째 회차에서 이들은 일부러 오답을 정답으로 선택하였다. 예를 들어, 정답이 2번임이 분명한데도, 7명의 동조자들은 1번을 정답으로 선택했다. 이 실험에서 중요한 점은 좌석 배치였다. 좌석 배치가 항상 진짜 피험자가 맨 마지막에 앉도록 되어 있었기 때문에 그는 자기 앞에서 7명의 피험자 모두가 오답을 선택하는 것을 똑똑히 보았다. 이후 선분의 길이를 달리하면서 15번의 회차가 진행되었고, 그중 11번의 실험에서 모든 동조자들이 동일한 오답을 선택하는 상황이 연출되었다. 그러니까 첫 세 번의 회차까지 포함하면 총 18번의 실행이 진행됐고, 진짜 피험자는 총 12번의 실행에서 자신의 눈에 보이는 명확한 답과 7명의 다른 참가자들이 정답으로 고른 명확한 오답 사이에서 선택해야 했던 것이다.

선분의 길이를 판단하는 이 과제가 정말로 어려운 수준의 문제였다면, 자신의 지각과 대중의 지각이 일치하지 않을 때 다수를 따라가는 것은 충분히 정당화될 수 있다. 그러나 애쉬의 실험은 그런 상황이 전혀 아니었다. 이 점을 명확하기 하기 위하여 애쉬는 1명의 피험자만 단독으로 참여하는 통제 집단을 두었다. 이 조건에는 다수의 압력이 존재하지 않았고 피험자 스스로 길이가 같은 선분을 찾아내면 되는 상황이었다. 이 조건에서 피험자가 정답을 고른 비율은 99%를 상회했다. 이는 보통 사람이라면 어느 선분이 정답인지 쉽게 알 수 있는 상황임을 의미한다.

7명의 동조자가 존재했던 실험 조건에서 애쉬가 발견한 연구 결과가 아래 그래프에 제시되어 있다.

그래프의 맨 위의 선(Control)은 앞에서 소개한 통제 조건의 결과다. 정답률이 거의 100%다. 맨 아래의 그래프(Alone against majority)가 바로 실험 조건의 결과다. 총 12번의 갈등 상황 중 첫 번째의 경우(실제로는 세 번째 회차에 해당)에는 80%의 피험자가 정답을 선택했다. 그러나 회차가 거듭될수록 정답률은 감소하여 약 60% 내외에 머물게 된다. 다시 말해, 매 시행에서 약 40% 정도의 피험자들은 눈에 보이는 분명한 정답을 저버리고 다수의 틀린 선택을 따라간

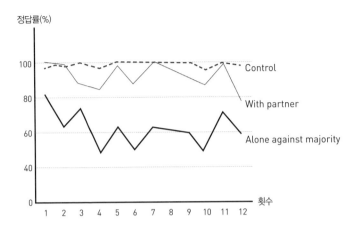

〈애쉬의 결과 그래프〉

것이다.

개인차도 뚜렷하였다. 단 한 번도 다수에 동조하지 않고 12번 모두 정답을 선택한 사람은 25%였다. 뒤집어보면 한 번이라도 다수를 따라간 사람이 무려 75%에 이른다는 말이다. 그렇다면 매 회차 모두 다수를 따라간, 줏대라곤 전혀 없는 사람은 얼마나 되었을까? 5%였다. 이 수치는 모든 인간이 예외 없이 항상 다수에 굴복하는 것은 아님을 보여준다. 그런 나약한 사람은 극소수였다. 그러나 다수의 사람들은 '가끔씩은' 자신의 소신을 저버리고 다수의 의견에 동조하였다.

애쉬의 실험은 이후에도 여러 가지 형태로 변형되어 반복되었다. 그중에서 상황의 위력을 더 극적으로 보여준 실험을 살펴보자.

그래프의 중간에 '파트너와 함께(With partner)'라고 되어 있는 선이
존재한다. 이 실험 조건에서는 동조자들 중 '1명'을 택해서 그에게
는 다수를 따르지 말고 정답을 고르게끔 한다. 한마디로 피험자에
게 '자기편'을 한 사람 만들어준 것이다. 그랬더니 놀라운 결과가
나타났다. 정답률이 100%에 가깝게 회복된 것이다. 한 사람의 동지
가 피험자들에게 소신을 지킬 수 있는 힘을 준 셈이다. 이는 우리가
소신을 지키지 못하는 이유가 천성적으로 겁쟁이거나 소심해서가
아니라 우리 주변에 그 '한 사람'이 없기 때문임을 보여준다. 단 1명
의 동지도 없는 상황에서 인간이 소신을 지키기란 불가능하지는
않지만(원래 실험에서 꿋꿋하게 소신을 지킨 사람이 25%라는 점을 기억
하라) 쉬운 일은 아니다. 그러나 단 한 사람의 동지만 있어도 인간
은 강해진다. 우리를 강하게 만드는 힘은 '내 편 한 사람'이라는 상
황에서 나온다.

놀라움은 여기서 그치지 않는다. 또 하나의 변형된 조건에서도
역시 동지를 만들어주었는데, 이 사람은 정답을 선택하지 않고 대
신에 다수가 택한 오답이 아닌 또 다른 오답 즉, 앞의 경우라면 3번
을 선택하는 사람이었다. 나와는 의견이 다르지만, 다수와도 의견
이 다르다는 의미에서 보자면 같은 편인, 새로운 의미의 동지를 만
들어준 것이다. 그래도 결과는 동일하게 나타났다!

만일 우리가 사람 프레임만을 사용한다면 다수의 의견에 가끔씩
동조하는 보통의 존재를 필요 이상으로 비난하게 된다. 또한 소신
을 지키는 소수의 사람들을 발굴하는 것으로 상황을 개선하려 들

것이다. 그러나 더 좋은 해결책은 집단의 다양성을 보장하여 우리 모두의 소신을 이끌어내는 것이다. 이는 상황 프레임으로 세상을 볼 때 가능한 일이다.

집단의 다양성은 개성을 보장하고 소신을 키워준다. 역사적으로도 지나치게 문화적 동질성을 추구했던 사회는 예술적, 지적 정체를 경험했다. 특히 외부 세계의 영향에 의도적으로 저항함으로써 동질성을 지키려 했던 사회는 더더욱 그러했다. 창의성 연구 분야의 대가인 시몬슨(Simonson)이 일본 사회의 지적·예술적 성취를 세대별로 분석한 논문에 따르면, 외부 세계와의 접촉이 많았던 세대를 거치고 나면 일본 사회의 창의적 성취의 수준이 높아졌다고 한다.[5] 일본인 고유의 내재적 창의성만이 아니라, 외부 세계의 사상들, 외부 세계로의 여행, 외부로부터의 이주민들이 불러온 사회 전반의 개방성이 일본 사회의 창의성을 높여준 것이다. 이렇듯 상황의 힘은 개인의 힘보다 클 수 있다.

권위에 대한 위험한 복종

사람 프레임과 상황 프레임의 대결을 가장 극적인 수준으로 끌어올린 연구가 스탠리 밀그램(Stanley Milgram)의 유명한 복종 연구다.[6] 앞서 소개한 애쉬 실험의 한계는 실험 상황이 현실과는 동떨어졌다는 점이다. 선분의 길이를 판단하는 과제에서 다수의 의견을 따랐다고 해서 누군가에게 실질적으로 피해가 가는 것은 아니다. 본인의 기분만 상할 뿐, 소신을 저버렸다고 해서 누구에게 피해를 주는 상황이 아니었던 것이다. 따라서 소신을 버리고 다수를 따라가는 행위가 누군가에게 피해를 줄 수 있는 상황이라면 실험의 결과가 달라졌을 것이라고 이의를 제기할 수 있다. 이런 생각을 한 사람이 바로 예일대의 스탠리 밀그램이었다.

그가 고안한 실험의 상황은 대략 다음과 같다. 우선 지역 신문에 실험에 참여할 사람을 모집하는 광고를 냈다. 직업 제한은 없으며, 참여 대가로 4.5달러를 받게 된다는 내용이었다. 또 '연구의 목적은 사람이 새로운 것을 학습할 때 벌을 주는 것이 효과적인지 알아보는 것'이라고 덧붙였다.

실험에 참여하러 온 사람에게 이 실험에는 학습을 하는 학생과 그 학생의 학습 결과에 따라 벌을 주는 교사, 이렇게 두 명이 필요하다고 설명하였다. 실험에 참여하러 온 두 사람에게 제비를 뽑게 하여 한 사람은 학생 역할을, 다른 한 사람은 교사 역할을 맡게 했다. 학생 역할을 하는 사람에게는 두 단어가 서로 짝지어진 리스트를 외워야 한다고 알려주었다. 교사 역할을 하는 사람에게는 학생의 학습이 끝난 후에 각 단어와 짝지워진 단어를 찾는 테스트를 진행하고, 틀릴 때마다 벌로 학생에게 전기 충격을 가해야 한다고 알려주었다.

〈스탠리 밀그램의 복종 연구 실험〉

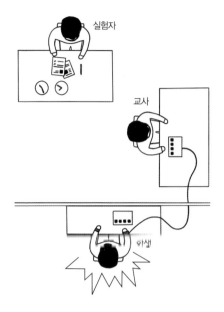

이 실험도 애쉬의 실험처럼 미리 설정되어 있었다. 실험에 참여하러 온 두 사람 중 한 사람은 실험자와 미리 짜고 늘 학생 역할을 하도록 제비뽑기를 조작했다. 따라서 진짜 피험자는 항상 교사 역할을 맡았다. 학생 역할을 맡은 사람은 처음에는 문제를 맞히다가 나중에는 고의로 오답을 선택한다. 전기 충격은 15V에서 시작해서 틀릴 때마다 15V씩 증가되어 최종 450V까지 이르게 되어 있었다. 현실감을 더하기 위해 학생 역할을 하는 사람은 중간중간 큰소리로 이 실험을 당장 그만두라고 외치기도 하고, 때로는 신체적 고통을 호소하였다. 신음 소리를 내거나, 전기 충격이 일정 수준을 넘어가면 더 이상 아무 소리조차 내지 않았다. 주어진 시간 안에 응답하지 않으면 오답으로 간주하기 때문에 학생이 아무 반응을 보이지 않을 경우에도 교사는 전기 충격 수준을 계속해서 올릴 수밖에 없었다.

타인의 의견(이 경우엔 실험자의 지시)을 따를 경우, 다른 사람에게 명백하게 피해가 가는 이런 상황에서 과연 사람들은 복종할 것인가, 아니면 소신을 지킬 것인가? 교사 역할을 하는 사람들 중 몇 %가 마지막 수준인 450V의 전기 충격을 가할까? 이 질문들이 밀그램 연구의 출발점이었다.

만일 우리가 사람 프레임을 가지고 있다면, 오직 극소수의 '비정상적인' 사람들만이 450V까지 전기 충격을 주리라고 예상할 것이다. 실제로 사람에 관한 전문가라고 할 수 있는 정신과 의사들에게 몇 %의 사람들이 각 지점까지 복종할 것인지 예측하게 했더니, 그들은 고작 0.1%의 사람들만이 450V까지 전기 충격을 줄 것이라고 예측했다. 사람을 '정상'과 '비정상'으로 구분하는 데 익숙한 정신과 의사들로서는 사람 프레임이 자연스러울 수밖에 없었던 것이다.

그러나 마지막 수준까지 전기 충격을 가한 사람은 무려 67%에 달했다. 이 실험은 지극히 평범한 사람들도 권위자가 명령하면 다른 사람들에게 해를 가하는 행동을 할 수 있음을 보여주었다. 물론 교사 역할을 맡은 사람들이 아무런 고통 없이 기쁜 마음으로 전기 충격을 가한 것은 아니었다. 그들도 "정말 괜찮을까요?" "저렇게 아파하는데 이 실험을 계속해야 하나요?"라고 묻는 등 실험자에게 이의를 제기했다. 그때마다 실험자는 차분하고 권위 있는 목소리로 "계속하세요" "계속하는 것 외에는 다른 선택이 없습니다" "그 정도의 전기 충격이 큰 해를 주지는 않습니다"와 같은 말만 되풀이할 뿐이었다. 연구진이 권총으로 그들을 위협하지도 않았다. 극히 미약해 보이는 상황적 압력만으로도 전체 참여자의 3분의 2가량이 450V까지 전기 충격을 가했다는 것은 놀라운 결과가 아닐 수 없다.

이 실험은 발표 즉시 많은 논란과 의심을 불러일으켰다. 밀그램 자신도 놀랄 수밖에 없었다. 더욱이 나치의 유태인 학살에 대한 충격이 채 가시지 않은 시점이었기에 밀그램의 실험은 더욱 충격적이었다. 소수의 악인들만이 유태인 학살 같은 악행을 저지른다고 믿고 싶은 상황에서 밀그램의 실험은 정반대의 결과를 보여주었기 때문이다.

이에 밀그램은 이 실험을 한 번으로 끝내지 않고 복종률을 결정하는 변수들을 알아내기 위해 약 20여 차례 연구를 더 진행했다. 그러나 기본 메시지는 같았다. 복종률을 크게 결정한 것은 자칫 사소해 보일 수 있는 상황적 변수였지, 사람 변수가 아니었다. 예를 들면, 명령을 내리는 실험자가 같은 방에 있느냐, 아니면 다른 공간에서 인터폰으로 명령을 내리느냐는 복종률에 큰 차이를 가져왔다. 권위자가 눈앞에 보이지 않으면 사람들은 부당한 명령에 복종하지 않았다. 또한 교사 역할을 하는 피험자가 학생 역할을 하는 사람과 한 공간에서 실험을 하느냐, 아니면 다른 공간에 있느냐의 여부도 복종률에 큰 차이를 불러왔다. 그러나 교사 역할을 하는 사람이 얼마나 도덕적인지, 그 사람이 남자인지 여자인지 여부는 별로 중요하지 않았다. 한 실험에서는 실험자가 한 명이 아니라 두 명이었는데, 이 둘 사이에 의견 대립이 발생하면 교사 역할을 하는 사람들 중에서 단 한 명도 450V까지 전기 충격을 주지 않았다. 이는 복종률의 결정적 변수가 '내 안'에 있는 것이 아니라 '내 밖'에 있음을 보여준다.

이 시리즈 실험에서 가장 주목할 만한 결과는 전기 충격을 가하는 사람과 단순히 문제를 읽어주고 그 결과를 기록만 하는 사람을 구분하여 한 팀으로 작업하게 한 경우에 발생하였다. 실험 결과, 보조 역할을 한 사람들 중 전기 충격을 가하는 사람을 제지한 경우는 약 10%에 불과하였다. 나머지 90%는 자신의 역할에 묵묵히 충실할 뿐이었다. 나치 캠프에서도 직접 유대인에게 해를 가하는 역할이 아닌 보조 역할을 한 군인들이 수없이 존재했다. 운전병으로, 행정병으로, 식당병으로 일했던 그들은 '일상 업무'라는 프레임으로 자신들의 일을 바라보았다. 그들에게 도덕적 책임을 물을 수 없다는 말은 결코 아니다. 그들이 처했던 상황과 그들이 그 상황을 어떻게 프레임하고 있었는지를 이해해야만 그 행동의 본질을 정확히 알 수 있다는 이야기다. 캠프에 참여한 모든 사람들을 악마라고 규정하는 식의 사람 프레임만으로는 이런 종류의 불행이 역사에서 반복되는 것을 막기 어렵다.

상황 프레임을 갖게 되면 결코 이전처럼 사람을 볼 수 없다. "착한 일을 한 사람은 원래 착하기 때문이고, 악한 일을 한 사람은 원래 악하기 때문이다. 가난한 사람은 원래 그런 류의 사람이고, 부자는 원래 그런 류의 사람이다. 비리를 저지르는 사람은 원래 도덕적으로 문제가 있는 사람이다." 사람 프레임에 입각한 이런 생각들은 우리의 마음을 편하게 만든다. 우리는 '그런 사람'이 아니라고 생각하기 때문이다.

그러나 눈에 보이지 않는 상황의 힘을 직시하게 되면, 나쁜 행동을 한 사람에게 조금은 더 관대해진다. 착한 일을 한 사람은 조금 더 영웅시하게 된다. 쉽고 익숙한 '사람 프레임'에서 불편하지만 진실일 가능성이 높은 '상황 프레임'으로의 전환이 필요하다.

Chapter 06

–

'내가 상황이다'의 프레임

'타인에게는 나 자신이 상황이다'라는 인식을 갖는 것.
다른 사람의 행동이 그 사람의 내면이 아니라
바로 '나'라는 상황 때문에 기인한다는 깨달음.
그것이 지혜와 인격의 핵심이다.

인간 행동을 정확히 이해하기 위해서는 사람 프레임과 상황 프레임을 균형 있게 사용할 필요가 있다. 사람 프레임의 남용은 상황의 힘에 대한 무지를 낳는다. 이는 불필요하게 서로를 비난하거나, 개인의 책임을 과도하게 묻는 실수를 범하게 만든다. 시스템을 통한 문제의 개선보다는 소수의 유폐적 인간들을 제거하려는 선에서 해결책을 찾는다. 반면에 사람의 힘에 대한 깊은 통찰 없이 상황 프레임을 남용하게 되면, 인간을 수동적 존재로 보게 되고 문제의 개선이 전적으로 개인의 외부에 있다는 운명론적 시각을 갖기 쉽다. 그러므로 두 프레임 중 어느 쪽으로도 치우치지 않는 균형이 필요하다.

아쉽게도 심리학 연구들은 사람들이 상황 프레임보다는 사람 프레임에 지나치게 의존하고 있음을 보여준다. 이에 상황 프레임의 중요성을 5장 전체를 할애하여 자세히 소개했다. 상황 프레임으로 세상을 보는 습관을 갖게 되면 우리의 생각과 감정, 행동에 미치는 주변 상황의 힘, 특히 타인의 힘에 대해 민감하게 반응하는 축을 갖게 된다. 더 나아가, 타인을 즉각적으로 비난하기보다는 그렇게밖에 행동할 수 없었던 상황을 찾아보려 노력하게 되므로 조금 더 관대해진다. 한마디로 지혜로워지는 것이다. 그러나 상황 프레임이 인도하는 지혜의 끝은 '나 자신이 타인에게는 상황이다'라는 인식을 갖는 것이다. 다른 사람의 행동이 그 사람의 내면이 아니라 바로 '나'라는 상황 때문에 기인한다는 깨달음, 그것이 지혜와 인격의 핵심이다.

수영장이 가르쳐준 교훈

수영이 주는 행복에 한참 빠져서 아침저녁 두 번씩 학교 체육관에서 수영을 하던 시절의 에피소드다. 지도교수의 수영에 대한 사랑은 이윽고 대학원생들을 수영장으로 이끌었다(일종의 상황의 힘이었다). 대학원생들 중 한 명은 급기야 바다 수영을 즐길 정도로 수영에 빠졌다. 어느 날 우리는 자존심을 걸고 시합을 하기로 했다. 25미터 길이의 수영장을 30회 왕복하는 시합에서 나는 보기 좋게 지고 말았다. 민망하기도 하고 자존심도 상해서 "수영하는 내내 네가 신경 쓰여서 오버페이스를 한 것 같다"라는 말을 건넸을 때, 그 학생이 건넨 말 한마디가 연구자로서의 내 삶과 자연인으로서의 내 삶 모두를 크게 바꾸어놓았다.

"저도 교수님 때문에 힘들었습니다!"

시합 내내 나는 옆 레인에서 수영하고 있는 제자의 모습이 눈에 들어와서 힘들었다. 팔의 각도가 너무 완만하지는 않은지, 물방울이 너무 많이 튀지는 않는지 등, 평소라면 하지 않았을 법한 불필요한 신경을 쓰느라 결과적으로 오버페이스를 해서 지고 말았다. 그런데 그 학생도 바로 그 이유 때문에 힘들었다고 말했다. 그 학생도 자신의 옆 레인에서 수영하고 있는 나 때문에 신경이 많이 쓰였던 것이다. 더욱이 나는 그의 지도교수가 아닌가? 나에게 그 학생이 상황이었던 것처럼, 그 학생에게는 내가 상황이었던 셈이다. 나는 내게 영향을 주고 있는 상황만 인식하고 있었을 뿐, 내가 그 학생에게 상황으로 작동하고 있다는 사실을 전혀 인식하지 못했다. 그때의 깨달음은 이후 일련의 연구들로 이어졌다.

덕분에 즐거웠습니다 vs. 제 덕분에 즐거우셨죠?

지금은 미국 일리노이 대학교에 재직하고 있는 구민경 교수가 지도학생이었을 때다. 우리는 사람들이 상대방이 자신에게 미치는 영향력보다 자신이 상대방에게 미치는 영향력을 더 약하게 평가할 것이라는 가설을 검증해보기로 했다. 수영장 경험을 실험실로 옮긴 셈이다. 이를 위해 우리는 실험 참여자들에게 친한 친구 한 명을 떠올리게 했다. 그리고 그 친구가 자신의 취미, 선호, 가치관, 인생

전반에 미치는 영향력을 평가하게 했다. 동시에 자신이 그 친구의 취미, 선호, 가치관, 인생 전반에 미치는 영향력을 평가하게 했다. 결과는 우리가 예상한 것보다 훨씬 더 흥미로웠다.

눈에 쉽게 보이는 속성들, 예를 들면 선호(무슨 음악을 좋아하고 무슨 영화를 좋아하는지)에 대한 영향력에서는 친구가 자신에게 미치는 영향력과 자신이 친구에게 미치는 영향력을 동일하게 평가하였다. 친구한테 영향을 받아 내가 새롭게 좋아하게 된 음악이나 영화가 눈에 쉽게 띄듯이, 나한테 영향을 받아 친구가 새롭게 즐기게 된 음악이나 영화도 내 눈에 쉽게 띄기 때문이다.

그러나 가치관처럼 눈에 쉽게 보이지 않는 영역에 이르자 결과는 전혀 다르게 나타났다. 우리의 가설대로 친구가 자신의 가치관이나 인생관에 미친 영향력은 대단하지만, 자신이 친구의 인생관이나 가치관에 미치는 영향력은 크지 않다고 지각하는 것으로 나타났다. 친구 때문에 나의 내면에서 일어나는 변화들은, 그것이 아무리 은밀하고 사적일지라도 나는 잘 알고 있다. 그러나 나는 친구의 내면을 들여다볼 수 없기 때문에, 나 때문에 일어나는 친구 내면의 변화를 알 수 없다. 따라서 우리는 우리에게 영향력을 행사하고 있는 친구의 힘은 인식하면서도, 우리가 친구에게 영향을 주고 있다는 점은 간과하게 되는 것이다.

"내 인생에 힘이 되어준 너의 한마디"란 말은 있어도, "너의 인생에 힘이 되어준 나의 한마디"는 없다. 우리가 겸손하기 때문이 아니라, 나의 영향력은 좀처럼 보이지 않기 때문이다. 여행길에 처음

만난 사람과 헤어지면서 "덕분에 즐거웠습니다"라고 말하는 건 흔해도, "제 덕분에 즐거우셨죠?"라고는 묻지 않는다. 건방지게 보일까 봐 두려워서가 아니라 미처 그 생각을 못하는 것이다. 마찬가지로, 구걸하는 사람을 그냥 지나치는 사람을 보고 '저렇게 살지 말아야지'라고 생각하지만, 그렇게 지나치는 나를 보고 누군가 '저렇게 살지 말아야지'라는 교훈을 얻었으리라고는 생각하지 못한다. 임산부에게 자리를 양보하는 누군가를 보고 '세상은 아직도 따뜻해'라고 생각하면서도, 언젠가 그런 행동을 한 나 때문에 누군가 그런 희망을 가졌으리라고는 생각하지 못한다. 이렇듯 우리는 철저하게 자신이 영향력에는 눈을 감고 있다.

메르스와 마스크

2015년, 대한민국 사회는 메르스(MERS) 공포에 떨어야 했다. 확진자 186명 중 38명 사망. 세계 최고의 치사율을 남기고 메르스 사태는 첫 확진자 발생 후 214일 만에야 공식 종료되었다. 그사이 우리 사회는 약 다섯 달 동안 심각한 공포와 불안에 시달려야 했다. 이 와중에 어떤 '이기적' 사건이 반복적으로 일어났다.

바로 격리 명령을 받은 사람들의 주거지 무단이탈 사건이었다. 자가 격리 통지를 받고도, 심심하다는 이유로, 골프 약속을 어길 수 없다는 이유로, 가족을 만나야 한다는 이유로 주거지를 이탈해서 보건당국이나 경찰의 애를 태웠을 뿐 아니라, 그들과 접촉했던 사람들의 거센 원망과 비난을 사는 일이 심심찮게 발생한 것이다. 이들은 도대체 왜 자가 격리 명령을 어겼을까?

뚜렷한 자각 증상이 없는데도 격리 명령을 받았던 사람들은 억울했을 수도 있다. 일부는 격리 규정을 몰랐을 수도 있다. 그러나 저자는 다른 한 가지 가능성을 머릿속에서 떨쳐버릴 수가 없었다. 어쩌면 이들은 자신이 타인에게 병을 옮길 수 있다는 가능성 자체를 낮게 평가했을 것이다. 타인으로부터 내가 병을 옮을 수는 있어도 내가 타인에게 병을 옮길 것이라는 생각은 못한 셈이다. 앞에서 설명한 '내가 상황이다'라는 프레임의 결여, 따라서 타인에게 미치는 자신의 영향력을 과소평가하는 경향이 발현된 것이라고 볼 수 있다. 자신의 위생 상태가 타인의 위생 상태보다 낫다는 생각, 자신이 타인보다 건강하다는 생각, 자신에게는 불행이 닥치지 않을 것이라는 낙관론 등 다양한 이유로 인해서, 사람들은 자신이 타인에게 병을 옮길 가능성을 낮게 지각했을 수 있다.

이를 알아보기 위해 우리 연구팀은 '마스크'에 주목하였다. 메르스 예방 행동으로 가장 쉽게 할 수 있었던 것이 마스크 착용이었다. 마스크를 착용하는 이유는 두 가지였다. 하나는 타인으로부터 나를 보호하기 위해서, 다른 하나는 나로부터 타인을 보호하기 위해서다. 그러나 사람들이 자신이 타인에게 병을 옮길 수 있다는 생각보다는, 타인이 나에게 병을 옮길 수 있다는 생각을 더 강하게 한다면, 사람들은 두 번째 이유보다는 첫 번째 이유로 마스크를 착용할 것이다. 즉, 마스크는 나로부터 타인을 지키기 위한 것이 아니라, 타인으로부터 나를 지키기 위한 도구인 셈이다.

메르스가 공식 종료되기 전에 우리는 사람들에게 메르스 예방 차원에서 마스크를 착용하는지, 착용한다면 그 이유가 무엇인지 질문했다. 그 결과, 우리의 예상대로 사람들은 자신으로부터 타인을 지키기보다는 타인으로부터 자신을 지키기 위해 마스크를 쓴다고 보고했다. 마스크는 타인으로부터 우리를 지키기 위한 도구이지, 우리로부터 타인을 지키기 위한 도구는 아니었던 것이다. 우리 자신의 영향력을 과소평가하는 경향성이 병의 전염 가능성에 대한 생각에서도 나타난 셈이다.

전화 데이트의 비밀
: 자기실현적 예언(Self-fulfilling prophecy)

타인의 행동을 유발하는 상황으로서의 나의 교훈을 매우 유쾌하게 풀어낸 실험이 미국 미네소타대 연구팀에 의해 진행되었다.[1] 이 연구에서는 한 집단의 남성들에게 매력적인 여성의 사진을 보여주고, 이 여성과 전화상으로 짧은 대화를 나누게 했다. 다른 집단의 남성들에게는 매력적이지 않은 여성의 사진을 보여주고, 역시 전화로 대화를 나누게 했다.

전화 데이트 전에 사진을 보여준 이유는 각 집단의 남성들에게 '기대'를 심어주기 위해서였다. 전자의 집단에게는 상대가 예쁘다는 기대, 다른 집단에게는 상대가 예쁘지 않다는 기대를 심어준 것이다. 연구자들은 전화 통화 내용을 전부 녹음한 후에 그중에서 여성의 대화 내용만을 뽑아서 제3자에게 들려주었다. 이들에게는 각 여성이 매력적인지, 매력적이지 않은지에 대해서는 어떤 정보도 제공되지 않았다. 이들에게 해당 여성이 얼마나 다정다감한지, 얼마나 사교성이 좋은지 등을 평가하게 했다. 그 결과, 놀랍게도 상대 남자가 매력적이라고 생각했던 여성이, 매력적이지 않다고 생각한 여성보다 훨씬 더 긍정적으로 평가되었다.

예쁜 여자는, 더 정확히는 예쁠 것이라고 기대되었던 여자는, 실제로 성격이 좋았을까? 그렇지 않았다. 이 실험에서 사용된 사진은 실제 전화 대상의 사진이 아니었다. 따라서 전화 매너가 좋았던 여성이 실제로 예뻤던 것은 아니었다. 비밀은 통화 내용 전체를 분석하는 과정에서 밝혀졌다.

이 모든 일을 만들어낸 것은 남성들의 '기대'였다. 상대가 예쁠 것이라고 믿었던 남성들은 첫마디부터 부드럽고 상냥했다. 통화 내내 전화 매너도 훌륭했다. 반면에 상대가 예쁘지 않다고 생각한 남성들은 첫마디부터가 매끄럽지 못했다. 통화 내내 상냥하지 않았고 퉁명스러웠다. 그 어떤 여자라도 자신에게 상냥한 남자에게는 상냥하고, 자신에게 퉁명스러운 사람에게는 퉁명스러운 것이

인지상정인 법. 다시 말해 여성의 행동은 여성의 성품이 아니라, 바로 남성의 행동에서 비롯되었다.

남성의 기대(예쁘다 vs. 예쁘지 않다)가 남성의 행동을 먼저 바꾸었고, 이렇게 바뀐 남성의 행동이 여성의 행동을 유도한 셈이었다. 여성의 행동을 본 남성들은 '역시 예쁜 여자는 성격도 좋아' 혹은 '역시 안 예쁜 여자는 성격도 안 좋아'라는 평소 생각이 맞았다고 확증하는 악순환을 경험하게 된 것이다.

우리가 가지고 있는 신념과 기대는 먼저 우리의 행동을 바꾼다. 그리고 우리의 행동은 그에 반응하는 타인의 행동을 바꾼다. 우리는 상대방의 행동이 나 때문이라는 사실을 모른 채 '저 사람은 원래 그렇구나. 내 생각이 맞았어'라고 자신의 신념을 정당화한다. 흑인이 폭력적일 것이라고 기대하는 백인은 흑인을 대할 때 경계한다. 자신을 경계하는 사람을 대하면 누구라도 행동이 어색하고 불친절할 수밖에 없다. 이를 보고 '아, 역시 흑인은 그렇구나'라고 자신의 신념을 확증해버리는 사람은, 상대 흑인의 행동을 유발한 사람이 정작 자기 자신임을 모르는 것이다. 이런 악순환의 구조를 심리학에서는 '자기실현적 예언(self-fulfilling prophecy)'이라고 부른다. 기대가 그에 부합하는 현실을 만들어내기 때문에 붙여진 이름이다.

다른 사람에 대하여 가지고 있는 내 선입견이 먼저 내 행동을 바꾸고, 그 행동이 타인의 행동을 바꾸는 이 위험한 순환을 인식할수록 우리는 지혜로워질 것이다.

지도교수가 지켜보고 있다

어떤 이는 존재만으로도 주변 사람들을 탁월하게 만들지만, 어떤 이는 존재만으로도 주변 사람들을 주저앉게 만든다. 2008년에 세상을 떠난 로버트 자이언스(Robert Zajonc)는 미국 미시간대에서 오랫동안 교수 생활을 하다가 스탠퍼드대로 옮긴 폴란드 태생의 세계적인 사회심리학자다. 천재적인 연구 감각과 기발한 발상으로 인해 학자들 사이에서 큰 존경을 받았던 분이다. 일반인들에게 가장 잘 알려진 연구로는 '부부는 서로 닮아간다'는 연구가 있고, '누군가 단순히 존재하는 것만으로도 일 수행에 영향을 받는다'는 단순 존재 효과(the mere presence effect), '자주 접하기만 해도 호감이 증가한다'는 단순 노출 효과(the mere exposure effect) 등이 있다. 워낙 대가인 까닭에 그의 질문이나 코멘트, 심지어 표정이나 눈빛까지도, 대학원생들과 포스트닥(post doc, 박사후 과정 학생)들에게는 선망과 공포의 대상이었다.

당시 그 학과에서 포스트닥을 밟고 있던 한 젊은 연구자가 절묘한 실험을 통해 존재만으로도 사람들에게 영향을 준다는 것이 무엇인지를 로버트 자이언스 교수를 통해 증명했다.[2] 그 연구자는 대학원생들에게 현재 관심 있는 연구 주제가 무엇인지 적어보게 하였다. 그런 후에 그 주제가 얼마나 좋은지를 스스로 평가하게 하였다. 그런데 이 질문을 던지기 바로 직전에, 어떤 참가자들에게는 자이언스 교수의 찡그린 얼굴을 아주 빠른 속도로 화면에 제시하였다. 연구 참가자들이 인식할 수 없을 정도로 짧은 시간이었기 때문에 그들은 자신들이 자이언스 교수의 얼굴을 보았다는 사실조차 인식할 수 없었다.

자료 분석 결과, 놀랍게도 자이언스 교수의 찡그린 얼굴이 빠르게 제시되었던 조건의 피험자들이 그렇지 않았던 조건의 피험자들에 비해 자신의 연구 주제가 형편없다고 평가하는 것으로 나타났다! 통제 조건에서는 학생들이 자신의 연구 아이디어에 A- 점수를 부여했지만, 자이언스의 찡그린 얼굴 조건에서는, 교수 C+의 낮은 점수를 준 것이었다. 자신이 무엇을 보았는지 의식하지는 못했지만 그들의 뇌는 '대가의 얼굴'을 인식했고, 그 얼굴은 탁월함에 대한 그들의 기준을 높였다.

우리의 얼굴은 누군가에게는 탁월함의 기준을 높이는 자극이 되기도 하고, 그 기준을 낮추는 자극이 되기도 한다. 그런 의미에서 우리는 서로에게 탁월함에 대해 빚을 지고 있는 셈이다. 탁월한 사람들 옆에서 시간을 보내다 보면 탁월해질 가능성이 높다. 안주하는 사람들 옆에서 시간을 보내면 안주하는 삶을 살게 될 가능성이 높다. 우리 중 누군가는 탁월함 유발자이고, 누군가는 안주함 유발자인 셈이다.

내가 친구의 행복을 결정한다

사람 프레임과 상황 프레임 사이의 적절한 균형이 필요한 가장 중요한 영역이 행복이다. 행복에 관한 사람 프레임에 따르면, 행복은 철저하게 개인의 몫이다. 그것이 처음부터 가지고 태어난 유전적 기질이든, 부단한 내면 수양과 철저한 생활 습관이든지 간에, 개인의 행복을 결정하는 요인은 개인적인 것이라고 본다. 어떤 상황에서도 행복을 경험하고 발견할 수 있는 사람이 사람 프레임이 추구하는 가장 이상적인 사람이다. 『신약성서』에 나오는 사도 바울의 경지가 그 좋은 예다.

> "나는 비천에 처할 줄도 알고 풍부에 처할 줄도 알아 모든 일, 곧 배부름과 배고픔과 풍부와 궁핍에도 처할 줄 아는 일체의 비결을 배웠노라." (빌립보서 4:12)

사도 바울이 일체의 비결을 배웠노라고 쓴 표현을 영어 성경에서는 다음과 같이 표현하고 있다.

> "I have learned the secret of being content in any and every situation."

사람 프레임으로 행복에 접근할 때는 "어떤 상황에서도 만족할 수 있는 마음의 비밀"만큼 중요한 자질은 없다. 그러나 행복을 제대로 이해하기 위해서는 상황 프레임도 지녀야 한다.

행복에 관한 많은 연구들은 어떤 상황에서도 만족할 수 있는 내면적 특징이 중요함을 강조하면서도, 어떤 상황은 대부분의 사람을 행복하게, 혹은 불행하게 만들 수 있다는 사실도 강조한다. 미국 소설가 폴 오스터(Paul Auster)의 표현처럼 "영혼을 더럽히는 궁핍"은 누구라도 불행하게 만들 수 있다. 절대 빈곤 상태에서도 마음의 평안을 유지하는 법을 배우는 것이 중요하지만, 절대 빈곤 상태 자체를 해결하는 것도 중요하다. 만성 악성 통증에 시달리는 사람들, 실직한 사람들, 사랑하는 사람을 잃은 사람들은 상당 기간 불행에 시달린다. 차라리 죽는 편이 낫겠다는 탄식을 비난하기 어려운 상황에서도 긍정의 마음을 갖기 위해 노력해야 한다. 그러나 그런 고통을 경험하지 않도록 평소 건강을 유지하고, 사고를 예방하는 시스템을 만드는 것은 더 중요하다. 행복은 사람 프레임과 상황 프레임이 적절히 균형을 이룬 길의 끝자락에 있다.

행복에 관한 상황 프레임, 특히 '내가 상황이다'의 프레임의 중요성을 뼛속 깊이 느끼도록 해주는 연구가 2008년 〈영국 의학 저널(British Medical Journal)〉에 발표되었다.[3] 당시 하버드대 교수였던 니콜라스 크리스타키스(Nicholas Christakis)와 캘리포니아주립대(UC San Diego) 교수였던 제임스 파울러(James Fowler)가 발표한 논문이었다. 이들의 연구는 『행복도 전염된다(Connected)』라는 제목의 책으로 출간되어 큰 화제가 되었다. 이 연구에 따르면 개인의 행복은 '주변 사람'에 의해 크게 영향을 받는다. 이들은 '프래밍험 심장 연구(Framingham Heart Study)'라는 유명한 연구 프로젝트에 20여 년간 참가한 4,739명의 건강, 사회적 네트워크 및 행복 자료를 분석하여, 행복이 비만이나 금연 못지않게 사회적 관계망을 통해서 전염된다는 점을 발견하였다.

이들의 분석에 따르면, 내가 행복하면 내 친구가 행복해질 확률은 약 15% 증가한다. 내 행복이 친구의 행복에 영향을 준다는 점은 사실 그리 놀랍지 않다. 따라서 이것이 이 연구의 주된 결론은 아니다. 이 연구가 밝혀낸 매우 놀라운 사실은 내 행복이 '내 친구의 친구'뿐 아니라 '내 친구의 친구의 친구'의 행복에도 영향을 줄 수 있다는 점이다. 한 번도 만난 적이 없는 내 친구의 친구의 친구조차도 내 행복 여부에 따라 그들이 경험하는 행복감이 달라질 수 있다고 이 연구는 밝히고 있다. 나는 그저 행복할 뿐인데, 이 때문에 생면부지의 사람도 행복해질 수 있다는 것이다.

행복의 전염성은 오프라인 네트워크뿐 아니라 온라인 소셜 네트워크에서도 동일하게 발견된다. 크리스타키스와 파울러 교수는 페이스북을 이용하는 대학생 1,700명의 '친구 관계'를 분석하였다.[4] 이들의 '친구'의 수는 평균적으로 약 110명 정도였으나, 서로 사진을 공유하고 '태그'하는 '친한 친구'의 수는 평균 6명 정도인 것으로 나타났다. 이들의 행복의 정도를 가늠해보기 위해 크리스타키스와 파울러는 이들의 프로필 사진을 분석하였다. 심리학 연구에 따르면 사진 속 얼굴의 웃음은 그 사람의 행복의 정도를 알려주는 매우 좋은 단서다. 또한 친한 친구들의 프로필 사진을 분석하여 이들이 웃고 있는지 여부도 판단하였다. 일종의 웃는 얼굴 네트워크 분석을 한 셈이다.

그 결과는 오프라인 네트워크 분석에서 나왔던 연구 결과와 놀라울 정도로 비슷했다. 우선 웃는 사람에게는 웃는 친구들이 많았다. 마찬가지로 웃지 않는 친구들에게는 웃지 않는 친구들이 많았다. 행복한 사람 주변에는 행복한 사람들이 몰려 있고, 불행한 사람들 옆에는 불행한 사람들이 많다는 이야기다. 또한 웃는 사람은 웃지 않는 사람에 비해 친구 수 자체가 많으며, 친구 수도 더 많은 것으로 나타났다. 뿐만 아니라 웃는 사람들일수록 친구 관계망에서 중심을 차지하는 것으로 나타났다. "당신이 웃으면 세상이 당신을 향해 웃을 것이다(When you smile, the world smiles with you)"라는 말이 사실임을 보여주는 연구 결과이다.

행복은 개인적 요인들만의 산물이 아니다. 행복은 내가 속한 집단의 산물이기도 하다. 내가 내 친구, 내 친구의 친구, 더 나아가 내 친구의 친구의 친구의 행복에 영향을 준다는 상황 프레임을 장착하게 되면, 우리는 서로의 행복에 대하여 '도덕적 의무'를 지니고 있다는 결론에 이르게 된다. 행복이 개인적 선택인 동시에 사회적 책임 행위라고 인식을 확장하게 되면, 행복에 대한 우리의 생각은 결코 이전과 같을 수 없다. '내가 상황이다'라는 프레임이 중요한 또 하나의 이유다.

나는 하품한다, 고로 인간이다

사람들 사이에 전염성이 강한 것으로 치자면 하품이 지존이다. 하품에는 소위 자발적 하품(spontaneous yawning)과 전염성 하품(infectious yawning)이 있다. 자발적 하품이란 글자 그대로 자연발생적으로 일어나는 하품이다. 심지어 태아도 엄마 뱃속에서 하품을 한다. 하품하고 있는 태아의 사진을 보며 놀란 적이 한 번쯤은 있을 것이다. 자발적 하품은 여러 가지 이유로 발생하지만, 그중 하나는 스트레스 상황에 대비하여 몸의 경계 태세를 높이기 위한 것이다. 하품을 하면 뇌로 공급되는 혈액이 증가하고, 뇌의 옥시토신 수준이 증가한다. 이는 뇌의 각성 수준을 높여주는 효과가 있다. 중요한 면접을 앞두고 대기실에서 자꾸 하품이 나오는 이유, 치과 치료를 앞두고 긴장감에 하품이 나오는 것도 모두 이 때문이다.

이런 자발적 하품과는 달리 전염성 하품은 누군가가 하품하는 모습을 보거나 그 소리를 듣기만 해도, 심지어 하품에 대한 생각만 해도 나오는 하품을 의미한다. 세미나 중에 누군가 하품을 하면 옆사람들이 금세 하품하기 시작한다. 하품은 고도의 전염성을 지니고 있다. "나는 하품한다, 고로 인간이다"라고 말할 수 있을 정도로 전염성 하품은 인간(그리고 침팬지)만의 고유한 특성이다.

전염성 하품의 이유에 대해 아직까지 명확하게 밝혀진 것은 없지만, 그래도 그중 설득력 있게 받아들여지고 있는 설명은 전염성 하품이 '공감(empathy)' 때문이라는 것이다. 이 설명은 4세 이하의 아동에게서는 전염성 하품이 잘 나타나지 않는다는 점, 그리고 자폐증을 앓고 있는 아이들에게서는 또래의 정상적인 아이들에 비해 전염성 하품이 잘 나타나지 않는다는 연구 결과를 통해 설득력을 얻고 있다.

더 많은 연구들이 진행되어야 하겠지만, 전염성 하품이 사회적 관계 증진을 위한 고도의 전략적 행위(하품은 거의 무의식적으로 발생하지만)일 수 있다는 점을 시사하기 때문에 매우 흥미로운 설명 ㅐㄴㅣ ㄴㅐ/ㅣ ㅎㅒㅁㄷ/ㅡ ㅐ/ㅣㄴㅡ ㅐ ㅓㅐㅁㅐ/ㅣ ㄱ ㅅ/ㅣ/ㅣ ㅎㅂ ㅆ ㅆ/ㅣ ㅐㅂㅒ/ㅣ 일 수 있다. 같은 논리로 누군가가 하품하는 이유는 바로 내가 하품했기 때문일 수 있다. 나는 행복 유발자이면서 동시에 하품 유발자인 셈이다.

하품과 전염의 지존 자리를 놓고 치열하게 다투는 것이 웃음이다. 누군가 웃기 시작하면 주변 사람들이 웃기 시작한다. 따라 웃는 것을 피하기 위해 참다 참다 폭소를 터뜨리는 경우도 흔히 볼 수 있다. 따라 웃는 이유 역시 하품을 따라 하는 이유와 동일하다. 폭소와 같은 강한 긍정적인 정서를 공유하는 것은 사람들의 뇌 활동을 '싱크(synchronize)'시킨다. 사람들의 뇌 활동이 순간적으로 완벽하게 일치되기 때문에 강력한 유대감을 경험하게 된다. 옆 사람이 웃는 이유를 정확히 모른 채 그저 그 사람이 웃기 때문에 따라 웃는 경우는 우리 안의 강력한 친교 욕구가 반영된 결과다. 그러므로 내가 웃는 이유는 옆 사람이 웃었기 때문이고, 내 옆 사람이 웃는 이유는 내가 웃었기 때문이다. 나는 하품 유발자이면서, 웃음 유발자인 셈이다. '내가 상황이다'의 프레임으로 세상을 보면, 내가 세상에 많은 것을 유발하고 있음을 알게 된다.

나는 어떤 프레임이 될 것인가?

『프레임』 독자들로부터, 그리고 프레임 강연의 청중들로부터 가장 많이 듣는 질문이 "그래서 어떤 프레임을 가져야 하나요?"다. 아주 자연스러운 질문이기도 하고, 그 속에 자기 삶에 대한 진지한 고민이 배어 있기 때문에 좋은 질문이라고 여기면서도, 그 질문 속에 들어 있는 뿌리 깊은 가정 하나가 늘 마음에 걸렸다.

사람들은 프레임을 자신과 분리된 대상으로 보는 경향이 있다. 어떤 프레임을 취할 것인가, 어떤 프레임을 버릴 것인가 등의 질문을 통해 어떤 프레임이 '저기' 있고, '여기' 있는 내가 그 프레임을 소유해야 한다고 생각하는 것처럼 보인다. 그러나 누군가에게는 내가 바로 프레임이 된다는 사실을 직시해야 한다.

가격대가 서로 다른 A, B, C의 세 가지 코스 요리가 있는 경우에, 가격대가 월등하게 높은 C코스는 손님들에게 잘 선택되지 않는다. 그럼에도 C코스 메뉴는 분명한 자기 역할이 있다. C라는 메뉴가 함께 있는 것만으로 사람들이 A와 B를 보는 기준과 관점이 바뀐다. 특히 B를 보는 눈을 바꿔서 아주 적당한 가격의 메뉴로 보이게끔 한다. 다시 말해 C의 역할은 사람들이 메뉴를 보는 프레임을 바꾸는 것이다. C가 없었다면 비싸게 여겨질 수도 있었던 B였지만, C라는 존재 때문에 B는 합리적인 가격의 코스 요리로 인식된다. 고가의 메뉴가 존재하는 이유다.

세상을 보는 프레임을 바꿔놓는 C의 역할을 하는 사람을 접하게 되는 경우가 있다. 〈K-Pop Star〉라는 오디션 프로그램의 초창기 시절의 일화다. 김수한이라는 청년이 도전자로 나왔는데, 알고 보니 시각장애인이었다. 시각 고등학교 때부터 앞이 보이지 않게 됐다. 하지만 가수가 되는 꿈을 포기하지 않았고, 앞이 보이지 않는 상황에서도 춤 연습을 게을리 하지 않았다고 한다. 세 명의 심사자들은 미심쩍은 표정으로 그에게 춤을 추어보라고 했고, 그는 놀라울 정도의 춤 실력을 보여주었다. 온 힘을 다한 무대에 심사위원 전원은 감동했고 급기야 한 심사자는 울음을 터뜨렸다. "너무 놀랐어요. 앞이 보이지 않는데 춤을 출 수 있다니요." "저렇게 힘든 상황에서도 훌륭한 무대를 보여줄 수 있다니, 나를 돌아보게 되었어요."

김수한 군의 삶에 대한 투지도 감동이었지만, 그 모습을 보고 자기를 반성하게 되었다는, 대한민국 최고의 춤꾼 '보아'의 말 또한 인상적이었다. 김수한 군은 보아에게 C와 같은 존재였던 것이다. 사람들의 상상을 뛰어넘는 노력을 하는 사람은 노력을 하는 것이 무엇인지에 대한 프레임을 바꾸어놓는다.

좋은 프레임은 나를 바꾸는 역할을 하지만, 그렇게 바뀐 나는 빛나는 C가 되어 사람들에게 새로운 프레임이 될 수 있다. '저런 못된 사람에 비하면 나 정도는 괜찮다'는 소극적 위안과 안일함을 유발하는 프레임이 아니라, '저 사람처럼 사는 게 정말 잘 사는 거야'라고 기준을 바꿔주는 C가 되었으면 좋겠다. '내가 상황이다'를 굳이 강조하고 싶었던 이유다.

Chapter 06을 나가며

"인생은 자신을 발견하는 작업이 아니라, 자신을 창조하는 작업이다."

(Life is not about finding yourself. Life is creating yourself.)

아일랜드의 극작가 조지 버나드 쇼(George Bernard Shaw)가 남긴 말이다. 나를 만들어내기 위해서는 '내가 상황이다'라는 프레임을 장착해야 한다. 타인의 행동과 행복에 영향을 주는 자기의 힘을 제대로 인식하게 되면, 더 나은 나를 창조하려는 투지가 생길 수밖에 없다.

Chapter 07

현재 프레임,
과거와 미래가 왜곡되는 이유

과거는 현재의 관점에서만 질서 정연하게 보인다는 점을 기억한다면
'내 그럴 줄 알았지'라고 외치며 자신의 똑똑함을 자랑하거나
합리화하는 어리석음은 범하지 않을 것이다.
현재가 만들어내는 미래의 장밋빛 착각을 제대로
직시하는 것 또한 반드시 갖춰야 할 지혜로운 습관이다.

우리가 '고대인'이라고 지칭하는 사람들은 당대에 자신들을 '고대인'이라고 생각하지 않았다. 현재의 관점에서 우리가 그렇게 부를 뿐이다. 고대인들을 현재의 프레임으로 볼 때는 미개하고 열등해 보이지만, 그들은 스스로 그렇게 생각한 적이 없을 것이다. 또한 우리가 '과도기'라고 부르는 시기에 살았던 사람들도 결코 자신들의 삶이 과거와 미래를 연결해주는 과도기적 삶이라고 지각하며 살지는 않았을 것이다.

앞으로 수백, 수천 년이 지나면 우리가 살고 있는 현재도 후손에 의해 고대로 규정되거나 과도기, 격변기가 될 수 있고 어쩌면 암흑기로 불릴지도 모른다. 미래의 후손들이 그들의 '현재' 시점에서 과거를 평가할 것이 분명하기 때문이다. 미래를 보는 시각도 우리가 현재 어떤 상황에 처해 있는지에 따라 달라진다. 이처럼 '현재'는 과거와 미래를 해석하는 핵심 프레임으로 작동한다.

후견지명 효과

과거에는 없고 현재에만 존재하는 가장 중요한 것이 '결과'다. 2016년을 사는 우리는 2014년 브라질 월드컵에서 우리나라가 조별 예선에서 탈락한 사실을 알고 있지만, 월드컵이 열리기 전에는 그 사실을 알지 못했다. 막 출산한 산모는 아이가 아들인지 딸인지 알지만, 출산 직전까지만 해도 성별에 대한 확신이 없다. 현재의 시점에서야 알파고와 이세돌의 대결에서 알파고가 완승을 거둔 것을 알고 있지만, 대국이 열리기 전까지만 해도 우리는 이세돌의 승리를 낙관했다. 그럼에도 우리는 어떤 사건의 결말이 그렇게 되리라는 것을 처음부터 알고 있었던 것처럼 과거를 회상하는 경향이 있다.

현재에만 존재하는 결과론적인 지식이 과거에도 존재했던 것처럼 착각하고 '내 그럴 줄 알았지' '난 처음부터 그렇게 될 줄 알았어!'라고 말하는 심리 현상을 '사후 과잉 확신(hindsight bias)'이라고 하는데, 저자는 이런 현상을 선견지명 효과에 빗대어 '후견지명(hindsight) 효과'라고 부른다. 여기서 'hindsight'는 영어의 'behind'와 'sight'가 결합한 말로, 글자 그대로 결과를 알고 난 후에 '뒤에서 보면' 모든 것이 분명하게 보인다는 의미다.[1]

1994년에 성수대교가 무너지고, 1년도 채 안 된 1995년 6월 29일 삼풍백화점이 붕괴하는 등 각종 대형 사고가 끊이질 않던 당시 신문과 방송을 보면 후견지명 효과의 극치를 엿볼 수 있다. 모든 매체들이 이구동성으로 '예고된 인재'였다고 보도했다. 신문 1면을 장식했던 이러한 제목들은 이 같은 대형 사고들이 필연적으로 '일어날 수밖에 없었음'을 강조했다. 몇 년을 두고 분석하고 또 분석한 후에 보고서가 나와야 정상이지만, 언론은 사고가 난 지 며칠 지나지 않아 모든 분석을 끝내버렸다. 그러고는 이런 사고를 예상하지 못한 무능한 책임자들에게 물러나라고 주장했다. 도대체 이렇게 뻔한 결과를 예측하지 못하고, 관리감독을 소홀히 한 사람이 누구냐며 큰소리친다.

예고된 인재였다고 그렇게 확신하니, 신문기자와 언론 매체들은 왜 사고가 나기 전에 미리 알려주지 않았단 말인가? 과거에 이루어진 정책을 후세에 평가하는 것의 위험성이 바로 여기에 있다. 대니얼 길버트(Daniel Gilbert)가 그의 책『행복에 걸려 비틀거리다(Stumbling on happiness)』에서 지적했듯이, 현재의 프레임으로 과거를 평가하는 것은 마치 1900년대 초에 안전벨트를 매지 않았다는 이유로 지금에 와서 그 당시 사람들을 체포하는 것과 같다.

현재가 과거를 지배하는 현상을 가장 쉽게 볼 수 있는 영역 중 하나가 스포츠 경기다. 경기 종료 휘슬이 울리는 순간, 그 즉시 모든 것은 '과거'가 되고 그 과거는 현재에 의해 재평가된다. 2002년 월드컵 때 한국과 미국의 경기가 있었다. 경기 중에 한국이 페널티킥을 얻어냈고, 이을용 선수가 키커로 나섰지만 아쉽게도 실패하고 말았다. 그런데 처음 키커로 나섰던 선수는 이천수였다. 이천수 선수가 찰 것처럼 나와서 공을 만지다가 결국 이을용 선수가 차게 되었는데 실패한 것이었다. 그 경기를 대구 월드컵 경기장에서 직접 관람한 나는 관중석 여기저기서 나타나는 후견지명 심리를 제대로 관찰할 수 있었다.

"도대체 왜 이을용이지?"

"왼발잡이 선수에게 왜 페널티킥을 차게 하냐고?"

"이렇게 중요한 순간에는 겁 없는 이천수한테 맡겼어야지, 감독은 뭐 하는 거야?"

사람들이 한마디씩 던지며 히딩크 감독의 결정을 맹렬히 비난했다. 그런데 장담하거니와 만약 이을용 선수가 성공했더라면, 감독의 결정을 맹비난했던 바로 그 사람들의 입에서는 이런 말이 쏟아져 나왔을 것이다.

"내 그럴 줄 알았어. 상대의 허를 찌르려면 왼발잡이가 최고야."

"경험 없는 이천수를 쓰느니 노련한 이을용이 훨씬 낫지."

우리는 과거가 아직 과거이기 전에는 일이 어떻게 진행될지 전혀 예측할 수 없었음을 인정해야 한다. 과거는 현재의 눈으로 볼 때만 질서 정연하고 예측 가능한 것이다.

그럴 줄 알았지

후견지명 효과는 사후에는 무엇이든지 설명할 수 있는 인간의 능력에서 기인한다. 자기 주변에서 일어나는 일을 딱 부러지게 설명하지 못하는 것처럼 사람을 무기력하게 만드는 일도 없다. 자기 생활에 대한 '통제력'을 유지하는 데 '설명하는 능력'은 매우 중요하다. 그러나 이런 설명 능력이 필연적으로 야기하는 부작용이 있는데 그 부작용이란 사람들이 어떤 결과에도 좀처럼 놀라지 않는다는 점이다.

예를 들어 '신체적으로 아무 이상이 없는데도 오랫동안 아이를 갖지 못한 부부가 입양을 하게 되면 임신할 가능성이 높다'는 연구 결과를 들었다고 해보자. 아마도 많은 독자들이 이 연구 결과에 별로 놀라지 않을 것이다. "그거야 당연하지. 입양을 하고 나면 임신에 대한 부담감이 적어지고, 스트레스 없는 상황에서 부부 생활을 하니까 임신할 가능성이 더 높아지는 거지. 교수들이 기껏 이런 연구나 하다니…" 하면서 혀를 찰 것이다.

그런데 반대로 '신체상의 문제는 없지만 오랫동안 아이를 갖지 못한 부부가 입양을 하게 되면 임신할 가능성이 더 줄어든다'는 연구 결과를 들었다고 하자. 이번에도 역시 놀라지 않을 것이다. "그거야 당연하지! 입양으로 아이가 생겼으니 임신하려는 노력을 더 이상 하지 않을 것이고, 노력을 적게 하니 아기가 생길 가능성이 낮아지는 거지. 그걸 꼭 연구해야만 알 수 있나?"라고 화를 낼지도 모른다.

A라는 결과에 놀라지 않았으면, A에 반대되는 'not-A'의 결과에는 놀라야 하지 않는가? 그러나 결과를 이미 알고 있는 현재 시점에서는 그 어떤 상황도 별로 놀랍지 않다. '멀리 떨어져 있으면 애정이 식는다'는 연구 결과가 있다고 알려주면 "그거야 당연하지. '눈에서 멀어지면 마음에서도 멀어진다'는 말도 있잖아"라고 말한다. 반대로 '서로 떨어져 있으면 애정이 더 깊어진다'는 연구 결과가 있다고 하면 "당연하지. 서로 떨어져 있으면 그리움이 커지고, 그러다 보면 애정이 더 쌓여가는 거지"라고 응수한다.

전쟁에서 적응을 잘하는 사람은 교육 수준이 높은 사람이라는 결과가 있다고 하면 "당연하지! 교육을 많이 받으면 스트레스 해소 능력이 향상되고 상황 적응 능력도 높아지기 때문이지"라고 말한다. 반대로 교육 수준이 낮은 사람들이 전쟁 적응 능력이 뛰어나다는 결과를 소개하면 "당연하지. 생각이 너무 많으면 힘들어. 단순한 게 최고야"라고 말한다. 도대체 사후에는 설명하지 못할 것이 하나도 없다.

이미 일어난 일에 대해 당연시하며 그 일이 처음부터 일어날 줄 알았다는 듯이 자신할 때, 우리는 현재 프레임의 희생양이 되는 것이다. 어떤 일이든 쉽게 설명할 수 있기 때문에 자신이 똑똑하다고 생각되겠지만, 그것은 '현재 프레임'이 만들어낸 그럴싸한 포장일 뿐이다.

지혜로운 사람이 되기 위해서는 사후에 내리는 모든 판단에 대한 확신을 지금보다 더욱 줄여야 한다. '내 그럴 줄 알았지'라는 말이 튀어나오려고 할 때 '내가 진짜 알았을까?'라고 솔직하게 자문해봐야 한다. '어떻게 이런 결과를 예상하지 못했어?'라고 아랫사람을 문책하기 전에 '정말 나는 그 결과를 예측할 수 있었을까?'라고 다시 자문해보는 지혜가 필요하다.

10년 전의 나는 행복했을까?

남편과 처음 만났을 때 시모에 대한 첫인상은 어땠을까?

젊은 날의 나는 부지런했을까?

이런 질문에 정확하게 답을 할 수 있을까? 만일 우리가 경험한 과거의 모든 사건들과 순간순간 경험했던 감정을 저장해놓은 데이터가 있다면 이런 질문에 답하는 건 쉬운 일일 것이다. '다시 보기' 버튼만 누르면 될 테니 말이다. 그러나 과거를 정확하게 담아놓은 파일은 우리의 뇌에 없을 뿐더러 국가기록보관소 같은 곳에도 없다. 따라서 과거 회상은 다시 보기 작업이 아니라 새로운 창조의 작업이 될 수밖에 없다.[2]

과거엔 없고 현재에만 존재하는 것 중 대표적인 것이 현재의 자기 모습이다. 현재의 직업이나 데이트 상대 혹은 배우자는 오래전 과거에는 가질 수 없었던 정보다. 또한 현재의 정치적 태도나 취미,

능력, 행복의 정도도 과거에는 얻을 수 없었던 정보들이다. 그런데도 우리는 현재의 모습이 과거의 자신에게도 있었다고 착각하는 경향이 있다.

1973년과 1982년 미국 미시간 대학교 마커스(Markus) 교수 연구팀은 898명의 중년 부모들과 그들의 자녀 1,135명을 대상으로 대규모 태도 조사를 실시했다.[3] 1973년 당시 자녀들의 평균 나이는 25세였고, 부모들의 나이는 54세쯤 되었다. 그로부터 9년 후인 1982년 재조사가 이루어졌고 당시 자녀들의 나이는 34세, 부모들은 63세쯤 되었다. 이 조사에서는 '사회보장제도' '소수민족 우대 정책' '마리화나에 대한 처벌' '정치적으로 보수적인지, 진보적인지' 등을 포함한 다양한 질문들을 던졌다. 1982년 재조사에서는 이들로 하여금 각 이슈들에 대해 1973년에 어떤 대답을 했는지 회상하도록 했다.

이 연구의 관심사는 두 가지로 나눠볼 수 있다. 첫 번째는 1973년에 대답한 실제 태도와 1982년에 회상한 1973년의 태도 사이의 유사성이었다(그림에서 A에 해당). 분석 결과, 이 둘 사이에는 0.39~0.44 정도의 상관관계가 있는 것으로 나타났다(상관계수는 -1~1의 점수로 나타나며, 1에 가까울수록 유사함을 나타내고, -1에 가까울수록 상반됨을 나타낸다). 9년 전의 태도를 회상한 것이 9년 전인 1973년의 실제 태도와 어느 정도 유사함을 보여준다.

두 번째 관심사(그림에서 B에 해당)는 1982년에 대답한 실제 태도와 1982년에 회상한 1973년 당시 태도 사이의 유사성이었다. 분석 결과, 이 둘 사이에는 0.56~0.79 정도의 상관관계가 있는 것으로 나

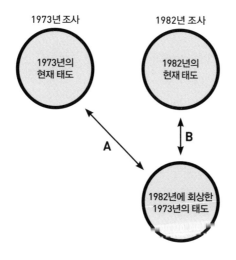

〈1973년과 1982년에 이뤄진 대규모 태도 조사의 상관관계〉

타났다. 1982년 현재의 태도와 1982년에 회상한 1973년의 태도 사이에 꽤 높은 유사성이 존재하고 있음을 알 수 있다.

이 연구에서 가장 눈여겨봐야 할 부분은, 1982년에 회상한 1973년의 태도가 1973년에 측정된 실제 태도보다 1982년 회상할 당시의 태도와 더 깊은 상관관계를 보였다는 점이다(B〉A). 다시 말해 사람들이 회상해낸 자신의 과거 모습은 과거의 실제 모습을 닮았다기보다는 현재의 자기 모습과 더 닮았다.

이 연구의 응답자들은 9년 전 자신의 태도를 회상하면서 그때의 태도가 현재의 태도와 크게 다르지 않았을 것이라고 회상했다. 그래서 현재 자신을 보수적이라고 여기는 사람은 9년 전에도 자신이 보수적이었을 거라고 회상했고, 현재 진보적인 사람은 9년 전에도 자신이 진보적이었다고 기억한 것이다.

시대를 막론하고 어른들은 젊은 사람들이 버릇없고 자기 절제가 부족하다고 꾸짖는다. 또한 교수들은 요즘 학생들은 공부를 하지 않는다고 걱정한다.

안타깝게도 어른들의 이런 꾸짖음과 훈계는 상당 부분 근거가 없다. 교수들이 학생들을 평가할 때 그들은 자신의 과거 학창 시절을 떠올린다. 그러면서 자신은 그때도 지금처럼 공부에 재미를 느꼈고 시간을 아껴가며 열심히 살았을 것이라고 왜곡된 회상에 빠진다.

어른들은 자신이 어렸을 때도 지금처럼 절제력이 있고 책임감이 강했다고 잘못 회상한다. 자신의 완벽한 과거 모습과 비교하면 현재 젊은이들이 부족해 보이는 건 당연한 일이다.

이런 점에서 조지 베일런트(George Vaillant)의 다음 지적은 참으로 적절해 보인다.

"애벌레가 나비가 되고 나면, 자신은 처음부터 작은 나비였다고 주장하게 된다. 성숙의 과정이 모두를 거짓말쟁이로 만들어버리는 것이다."[4]

'나는 그러지 않았는데' '우리 땐 안 그랬는데'라는 말은 입 밖으로 내뱉는 순간 부모와 자식, 상사와 부하 직원 간의 관계를 얼어붙게 만든다. 이런 말처럼 근거 없는 표현도 없다. 자녀에게, 젊은 학생들에게, 아랫사람에게 '우리 땐 안 그랬는데' '저 나이 때 난 그러지 않았는데'라는 말이 튀어나오려고 하면 '정말 그랬을까?' 하고 스스로에게 다시 한 번 물어보는 지혜가 필요하다.

과거 죽이기

현재 프레임은 과거를 현재와 유사하게 했으로 무환시키기도 하지만, 필요에 따라서는 현재와 전혀 다른 과거를 만들어내기도 한다. 특히 어떤 사건이나 특정 시점을 계기로 스스로 발전하고 변화해야 한다는 기대감이 높은 경우에 그렇다.

결혼을 하게 되면 전보다 더 철이 들어야 한다는 사회적 기대가 존재한다. 결혼하고 나서 실제로 철이 더 든 사람이라면 문제가 없지만, 결혼한 후에도 철이 들지 않은 사람들은 이 기대를 어떻게 충족시킬까? 바로 결혼 전의 자기 모습을 실제보다 더 형편없게 회상하는 것이다.

종교적인 변화를 겪은 경우에도 동일한 메커니즘이 작용한다. 예를 들어, 어떤 종교인들은 종교에 귀의하기 전에는 자신이 벌레만도 못했다고 고백함으로써 현재 자신이 새사람으로 거듭나게 되었다고 믿는다. 우리는 현재의 자신을 '챔피언(Champ)'으로 보기 위해 과거의 자신을 기꺼이 '얼간이(Chump)'로 치부한다.

이런 '과거 죽이기' 현상을 실험을 통해 증명한 사람이 심리학자 마이클 콘웨이(Michael Conway)와 마이클 로스(Michael Ross) 교수다.[5] 이들은 대학생들을 대상으로 공부 기술 훈련 프로그램을 실시했다. 프로그램이 시작된 시점에 참여 학생들은 자신의 공부 기술을 스스로 평가했다. 총 3주의 훈련 프로그램이 종료된 후에 참여 학생들은 자신의 공부 기술을 다시 평가했고, 프로그램이 시작되던 시점에 자신이 평가한 공부 기술을 회상하게 했다.

그 결과, 훈련 프로그램을 마친 학생들은 프로그램에 참여하기 전 자신의 공부 기술을 자신이 그 당시에 평가했던 것보다 훨씬 부정적으로 회상한 것으로 나타났다. 훈련을 통해 공부 기술이 향상되리라는 기대가 강했기 때문에 학생들은 과거의 자신을 더 깎아내려서 심리적 향상을 경험하려 했던 것이다.

대학 시절 과외 아르바이트를 했을 때의 이야기다. 그때 가르친 학생들 중에는 실제로 과외를 한 후에 성적이 오른 경우도 있었지만, 몇 개월의 노력에도 불구하고 성적이 오르지 않는 경우도 있었다. 부모에게나, 과외 교사에게나, 학생에게나, 중간에서 과외를 주선해준 사람에게나 곤혹스러운 상황이 아닐 수 없다. 이런 난감한 상황에서 서로의 체면을 깎지 않으면서 과외의 정당성을 세워주는 묘책이 등장하고는 하는데, 바로 과외를 받기 전의 학생의 학습 태도를 깎아내리는 것이다. "전에는 책상에 30분도 앉아 있지 못했는데 지금은 한 시간씩 앉아 있긴 하잖아요"라며, 과거를 희생해서 현재를 살릴 수 있다면 그렇게 하기를 주저하지 않는다.

이와는 반대로 과거의 영광을 과장되게 부풀려 기억함으로써 현재의 초라한 자신을 보호하기도 한다. 은퇴한 복서는 자신의 챔피언 시절을 되돌아보고, 더 이상 천재 소리를 듣지 못하는 평범한 대학생은 잘나가던 고등학교 시절을 회상한다. 문제는 이 과정에서 과거가 실제보다도 더 부풀려져서 영광스럽게 재구성된다는 점이다.

이제 더 이상 날카로운 이빨을 지니지 않은 존재들은 과거 자신의 이빨이 얼마나 날카롭고 강했는지를 떠올리며 현재를 보호하려 하고, 그 과정에서 과거는 실제보다 더 여과 리 오 모습으로 부풀 한다.

자서전의 비밀

서재필의 자서전에 의하면, 서재필은 자신이 1866년생이라고 강경하게 주장했다고 한다. 그런데 1882년 과거 급제 당시의『국조방목 (國朝榜目)』에는 그가 1863년생이라고 되어 있다.

"서재필은 자신이 13~14세 때 최연소자로서 장원급제를 했다고 말했다. 그러나 이광린 교수의 조사에 의하면 그는 20세 때인 1882년, 중

궁(中宮)의 병환이 나은 것을 경축하기 위해 실시한 별시문과(別試文科)에서 갑과(甲科), 을과(乙科) 다음 성적인 병과(丙科) 3등을 했다고 한다. 따라서 그가 당시 합격자 중 최연소자임은 사실이나 장원급제자는 아니었다."[6]

위에서 인용한 문장들은 역사학자 주진오 교수가 〈역사비평〉에 기고한 논문에서 발췌한 것이다. 주진오 교수는 역사적으로 유명한 인사들의 회고록에 왜곡이 심하다는 점을 지적하기 위해 서재필의 자서전을 한 예로 들었다. 다음은 주진오 교수가 내린 결론이다.

"우리가 역사 속에서 커다란 족적을 남긴 이들의 생애를 연구하는 것은 그것을 통하여 그들이 살다 간 시대를 보다 정확히 이해하고 나아가 그것을 하나의 귀감으로 삼기 위해서다. 따라서 그것은 신화를 만드는 일이 되어서는 안 된다."

자서전은 소수 명사들의 전유물이 아니다. 평범한 사람들도 책의 형태로 쓰지 않아서 그렇지, 끊임없이 자서전을 기록하고 있다. 자신의 과거를 돌아보며 이야기를 만들고, 기록하고, 또 그 이야기를 자녀와 후배들에게 들려준다. 그런 과정에서 우리는 종종 자신의 역사를 미화하거나 신화를 만들어내기 위해 과거를 왜곡하는 어리석음을 범하게 된다.

사회심리학자인 지바 쿤다(Ziva Kunda) 교수 연구팀이 수행한 한 실험은 자서전이 현재 프레임에 의하여 얼마나 왜곡될 수 있는지를 잘 보여준다.[7] 연구자들은 대학생 실험 참여자들에게 '외향적인 사람들이 직업에서 성공을 거둔다'는 연구 결과를 소개했다. 그런 후에 절반의 참여자들에게 과거를 회상하면서 자신이 다른 사람과 얼마나 활발하게 교류했는지, 처음 보는 사람에게 먼저 말을 건넸는지 등을 평가하게 했다. 다른 절반의 참여자들에게는 '내성적인 사람이 직업에서 성공을 거둔다'는 연구 결과를 소개했고, 같은 질문을 제시하였다.

그 결과, 외향성-성공 조건이 참여자들이 내향성-성공 조건의 참여자들보다 자신을 훨씬 더 사교적이고 활발한 편(외향적)이라고 평가했다. 뿐만 아니라 남들에게 먼저 말을 걸었던 경우처럼 자신이 사교적으로 행동했던 사례들을 구체적으로 기억하게 했더니, 외향성-성공 조건의 참여자들이 내향성-성공 조건의 참여자들보다 그런 사례들을 더 많이 기억해냈다.

과거의 기억은 현재가 필요로 하는 것이라면 무엇이든지 꺼내주는 마술 보따리와 같다. 모든 전기나 자서전을 의심의 눈길로 바라볼 필요는 없지만, 다른 사료와 비교 검증도 하지 않고 거기에 실린 내용을 역사적 사실이라고 단정 짓는 습관은 버리는 것이 현명하다. 더욱이 우리가 매일 조금씩 써 내려가는 우리 스스로의 자서전 작업에는 비판적 시각을 더 철저하게 견지하는 지혜와 용기가 필요하다.

서태지의 멜빵바지

유명 연예인들의 데뷔 시절 사진이나 동영상을 보여주는 프로그램이 인기를 끄는 이유는 그들의 과거 모습이 한결같이 '촌스럽기' 때문이다. '서태지와 아이들'이 1990년대 초에 유행시켰던 벙거지 모자와 멜빵바지는 지금 보면 촌스러워 봐주기 민망할 정도다. 가수 전영록의 트레이드 마크였던 커다란 잠자리테 안경은 또 어떤가? 그러나 장담하건대 그 시절의 서태지나 전영록은 결코 자신의 스타일이 촌스럽다고 생각하지 않았을 것이다.

현재의 우리 모습을 10년 후쯤 사진이나 동영상으로 보게 된다면 우리 역시 한없이 촌스러운 지금의 모습에 웃고 말 것이다. 현재의 프레임으로 보는 과거의 모습은 늘 촌스러울 따름이다. 그러나 지금 우리는 10년 후에 스스로 자신을 얼마나 촌스럽게 여길지 상상하면서 킬킬대거나 주눅 들지 않는다.

이런 현상이 패션에만 국한되는 것은 아니다. 우리는 옛날 사람들의 관습이나 제도를 보면서 야만적이고 미개하다고 생각하지만, 그건 현재의 기준으로 과거의 패션을 평하면서 촌스럽다고 느끼는 것과 같은 이치다. 현재 우리의 관습과 제도 역시 미래의 후손들에게는 미개하다고 평가받을 수 있다는 점을 인정한다면, 과거의 선조들에 대한 평가는 지금보다 훨씬 더 관대해져야 할 것이다.

과거에 대한 평가에서 가장 놀라운 점은 10년 전 자신의 지적 수준을 회상하면서는 부끄러워하거나 민망해하지 않는다는 사실이다. 아마도 그때나 지금이나 지적 수준에 별 차이가 없기 때문일 것이다. 우리는 시대에 따라 변하는 유행에 뒤지지 않는 외모를 갖추려고 노력하면서도 그 시대에 맞는 지성을 갖추려는 노력에는 인색하다. 진정으로 지혜로운 사람이 되길 원한다면 10년 전의 촌스러운 외모를 보며 부끄러워하기보다는, 10년 전의 지적 수준을 떠올리며 그때보다 성장했다는 뿌듯함을 경험하는 데 주력해야 할 것이다.

계획표의 함정

캐나다 워털루 대학교 연구팀은 37명의 4학년생들에게 자신의 학부 졸업 논문을 작성하는 데 며칠이나 소요될지 예측하게 하였다. 평균 대답은 33.9일이었다. 이들 중 자신이 예측한 시간 내에 논문을 제출한 사람은 겨우 30%에 불과했다. 실제로 논문을 제출하는 데 걸린 시간은 평균 55.5일이었다.[8]

'현재 프레임'은 과거에 대한 회상뿐 아니라 미래에 대한 예측 과정에도 막강한 힘을 발휘한다. 그 이유는 현재에 존재하지 않는 것들이 미래에는 존재할 것이라고 상상하기 어렵고, 현재 존재하는 것들이 미래에는 존재하지 않을 것이라고 상상하기도 어렵기 때문이다. 그래서 미래에 대한 상상도 현재 관점에서 크게 벗어나지 못하는 것이다.

초등학교 시절 방학과 동시에 어김없이 만들었던 것이 바로 동그라미 계획표다. 지금 생각하면 웃음이 날 정도로 비현실적인 계획표였지만, 그 계획표를 짜는 순간만큼은 사뭇 진지했고, 뭐든지 할 수 있을 것 같은 기대에 부풀었던 기억이 난다.

기상 시간은 으레 6시 아니면 6시 반이다. 학기 중에도 일어나기 힘든 기상 시간인데, 늘 그렇게 무리한 계획을 세웠다. 평소에는 하지도 않던 '아침 운동'도 약방의 감초처럼 꼭 그려 넣고, 초등학생이 무슨 신문을 읽는다고 '신문 읽기'도 슬쩍 끼워 넣고는 했다. 당연히 '아침 공부'는 필수 항목이었다. 모든 시간은 단 1분의 오차도 없이 정확하게 돌아가도록 빈틈없는 계획을 짜곤 했다.

그러나 작심삼일까지 갈 것도 없이 방학 첫날부터 동그라미 계획표는 빛을 잃고 그 계획표는 그저 방학숙제 제출용으로 전락하고 만다. 불행히도 우리는 그 과정을 초등학교 내내 반복하는 것도 모자라 중·고등학교에서도 반복한다. 이번만은 예외라는 현재의 의지가 미래에 대한 상상을 지배하기 때문이다.

계획 오류는 대학생이 되어서도 멈추지 않는다. 1980년대 우리나라 대학가를 강타했던 것이 『*Vocabulary 22000*』『*Vocabulary 33000*』이라는 영어 어휘집이었다. 대학생이라면 반드시 공부해

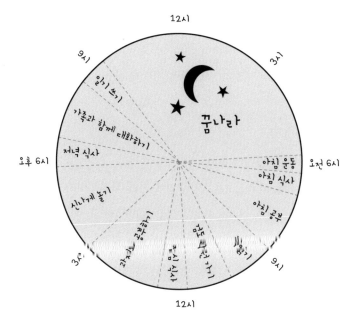

〈방학과 동시에 어김없이 만든 생활 계획표〉

12시

9시

3시

일기 쓰기

가족과 함께 대화하기

저녁 식사

꿈나라

오후 6시

오전 6시

아침 운동
아침 식사

신나게 놀기

아침 공부

3시

9시

과자 먹기

점심 식사

학원 다녀오기

놀기

12시

야 하는 통과의례처럼 너도나도 이 책을 끼고 다녔다. 22000을 떼고 33000으로 진입하게 되면 친구들 사이에서는 영어깨나 하는 학생으로, 심지어는 의지의 한국인으로 추앙받기도 했다. 그런 만큼 『Vocabulary 22000』을 완독하는 일은 쉽지 않았다.

저자를 비롯하여 당시 대학생들은 방학만 돌아오면 초등학교 시절에 그랬던 것처럼 의욕과 희망에 넘쳐 『Vocabulary 22000』을 완독하기 위해 전의를 불태우곤 했는데, 거의 예외 없이 다음과 같은 심리 과정을 거쳤다.

- 우선 『*Vocabulary 22000*』을 사서 책의 페이지 수를 센다.

- 그리고 방학 일수로 나눈다.

- 그러면 하루에 공부해야 할 페이지 수가 나온다.

- 얼굴에 회심의 미소가 떠오른다. '하루에 겨우 2-3페이지, 그까짓 것…'

그런데 웬걸, 시간은 훌쩍 건너뛰어 방학한 지 일주일이 지난다. 그래도 아직은 여유가 있다. 일주일이 지난 시점부터 또다시 페이지 수를 세고, 남은 일수로 나누고, 여전히 몇 장 안 되는 하루 분량에 안도한다. 며칠 그렇게 실천하지만 점점 계획했던 분량에서 멀어지고, 어느새 방학은 허무하게 끝나고 만다. 다음 방학이 돌아오면 '이번만은 꼭 해내고 말 거야'라며 다시 도전하지만, 여전히 지난번 방학 때와 똑같은 과정을 되풀이하다 어느새 대학문을 나선다. 그래서 『*Vocabulary 22000*』은 지금까지도 많은 40-50대들에게 '아쉬움'으로 남아 있다.

이 모든 상황은 의지의 부족이라기보다는 애초부터 미래에 대한 우리의 계획이 현재의 의지에 지나치게 영향을 받기 때문이다. 현재의 의지에만 집착하여 미래 계획을 세우다 보면 관심이 자기 내면으로만 집중하게 된다. 불타는 의지, 각오, 과거의 실수에 대한 깨달음, 이번만은 다를 것이라는 자기 확신 등을 보면서 현재의 의지가 미래에도 그대로 유지될 것이라고 확신한다. 동시에 현재 존재하지 않는 것은 미래에도 존재하지 않을 것이라고 단정 지어버린다. 그래서 몸살, 여행, 친척의 죽음, 장마, 블록버스터 영화의 개봉, 이성 친구와의 갈등 등 우리의 의지대로 실천할 수 없게 방해하는 예기치 못한 일들은 미래에 대한 상상 속에 존재하지 않는다. 마치 자동차를 타고 터널 속으로 들어가면 터널 안만 보이고 터널 밖은 보이지 않는, '터널 비전 현상'과 같은 원리다.

미래를 예측할 때 현재 존재하는 자기 내면의 의지만 보는 우를 범하지 않으려면, 현재에는 존재하지 않지만 미래에는 존재하게 될 여러 상황 요인들을 고려하는 지혜가 필요하다. 업무를 진행함에 있어서도 지나치게 낙관적인 계획을 세우는 사람의 말은 한 번 정도 걸러내고 듣는 마음의 여유를 가질 필요가 있다.

예측하기 힘든 내일의 감정

우리가 현 시점에서 내리는 선택과 판단은 미래에 누리게 될 것들에 관한 것이다. 가령 금요일 저녁에 무슨 영화를 볼 것인지를 수요일에 결정해서 예약하고, 여름휴가를 어디로 갈 것인지를 봄에 정해서 미리 예약한다. 미래의 평생 직업을 어린 시절에 예측해서 정하고, 심지어는 죽은 후에 장례를 어떻게 치를지도 죽기 전에 결정한다.

따라서 어떻게 보면 우리 삶의 질은 미래 감정에 대해 우리가 현재 내리는 예측의 정확성에 달려 있다고 할 수 있다. 그런데 아쉽게도 이 분야의 연구들은 미래 감정에 대한 우리의 예측이 정확하지 않다는 것을 거듭 보여준다.

점심에 된장찌개를 먹은 사람이 식사를 마치자마자 다음 날 점심 메뉴를 미리 정하는 상황을 생각해보자. 이 사람이 가장 좋아하는 음식은 된장찌개다. 그럼에도 이 사람이 내일 점심 때 또다시 된장찌개를 먹겠다고 결정할 확률은 생각보다 낮다. 왜냐하면 내일도 된장찌개를 먹으면 '지겨울 것'이라고 예상하기 때문이다. 아마도 인생의 묘미인 다양성을 추구하기 위해 스파게티나 비빔밥을 선택할지도 모른다.

그러나 연구에 따르면 그다음 날도 된장찌개를 먹을 때 만족감이 더 큰 것으로 나타났다. 왜냐하면 내일 점심을 먹기까지는 오늘 저녁과 내일 아침 두 끼를 더 먹어야 하므로, 점심에 된장찌개를 또 먹어도 같은 음식을 연이어 먹는 것이 아니기 때문이다. 그런데 왜 이 사람은 자신에게 가장 큰 만족감을 안겨주는 선택을 하지 않은 것일까? 바로 현 시점에서는 미래의 시간을 제대로 상상할 수 없기 때문이다.

우리의 뇌는 미래의 24시간을 정확하게 예측할 수 없다. 예측할 때는 오늘과 내일 사이의 24시간이 수축 현상을 일으켜서 아주 짧게 느껴진다. 미래의 24시간 동안 벌어지게 될 많은 일들이 배제된 채 상상하기 때문에, 오늘 점심과 내일 점심이 마치 바로 연이어서 이뤄지는 두 번의 식사처럼 느껴지는 것이다. 그렇기 때문에 같은 음식을 연달아 두 번 먹는 어리석은 실수를 저지르지 않으려 한다.

그러나 실제로 일어나게 될 미래의 24시간 동안에 최소한 식사를 두 번이나 더 하게 되고, 중간에 간식도 먹을 것이며, 술을 마실 수도 있다. 회의도 할 것이며, 친구를 만나기도 하고, 그 외에 많은 예기치 않은 일들을 겪게 될 것이다. 그런데도 현재의 예측 속에서 경험하는 미래의 시간에서는 그런 세부 사항들이 생략된 채 현재와 미래가 바로 연달아 일어나는 것처럼 여겨진다.

지금 당장 냉장고를 열어보라. 사놓고 한 번도 사용하지 않은 새로운 소스나 재료가 눈에 띌 것이다. 주말에 일주일치 장을 한꺼번에 보는 까닭일주일 식단을 미리 짜기 때문에 아무리 좋아하는 음식이라도 '같은 것만 계속 먹을 순 없다'는 생각에, 색다른 음식 재료를 사들인다. 그러나 막상 식사 시간이 되면 평소에 즐겨 먹는 음식들 위주로 식단을 준비하게 된다. 결국 야심 차게 사들였던 이색적인 소스나 재료는 냉장고 속에서 고스란히 잠든다.

미래에 무엇을 할지 선택해야 할 때는 가장 좋아하는 것을 반복적으로 선택하는 편이 좋다. 그 편이 이것저것 다양하게 섞어놓은 종합선물세트를 골랐을 때보다 실제 만족도가 더 크다는 점을 기억할 필요가 있다.

선물 세트가 잘 팔리는 이유

병문안을 갈 때 가장 많이 들고 가는 것 중 하나가 과일 바구니다. 여러 종류의 과일이 한데 담겨 있어 보기에 좋고 먹음직스러워 환자에게 좋을 것으로 생각한다. 그러나 자기 자신을 위해서 과일 바구니를 선뜻 사는 사람은 흔치 않다. 자기가 먹을 때는 과일 바구니 대신 좋아하는 과일만 골라서 사는 게 보통이다.

저자 연구팀이 수행한 연구 결과를 보면, 사람들은 대개 자기가 쓸 물건을 살 때보다 다른 사람에게 줄 선물을 살 때 훨씬 더 다양하게 물품을 구입한다. 똑같은 물건을 반복해서 사용할 경우, 자신보다는 다른 사람에게서 '물리는 현상'이 더 빨리 나타날 것이라고 예측하기 때문이다.[9]

우리 연구팀은 사람들에게 평소에 가장 즐겨 먹는 특정한 스낵을 5일간 연속적으로 먹게 될 경우, 5일간의 만족도를 예상해보도록 했다. 또한 같은 상황에서 다른 사람의 만족도는 어떠할지도 예상하게 했다. 그 결과, 다음 그림에서 보듯이 각자 가장 좋아하는 스낵을 먹더라도 여러 번 반복해서 먹을 경우, 자신보다는 타인이 더 빨리 '질려 할 것'이라고 예상했다.

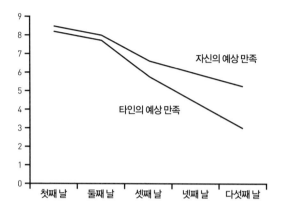

〈같은 음식을 반복해서 먹을 경우 예상 만족도〉

자신의 예상 만족

타인의 예상 만족

첫째 날　둘째 날　셋째 날　넷째 날　다섯째 날

그 이유는 다른 사람의 미래 시간을 예측할 때 시간 수축 현상이 훨씬 더 심하게 일어나기 때문이다. 자신의 미래를 예측할 때도 많은 요소를 빠뜨린다고는 하지만, 타인의 미래를 예측할 때 빠뜨리는 정도에 비하면 적은 편이다. 다른 사람이 앞으로 24시간 동안 경험하게 될 많은 일들과 정서적 경험들을 상상한다는 것은 매우 어려운 일이다. 자신의 미래 24시간보다 타인의 미래 24시간이 훨씬 더 짧게 수축되어 상상되기 때문에, 선물을 살 경우 다양성의 유혹에 빠질 확률이 그만큼 더 높아진다. 선물용으로 나온 제품들에 '세트' 종류가 많은 것도 이 때문이다.

명절이나 부모님 생신 때 가장 고민되는 일은 '이번엔 어떤 선물을 할까?'이다. 받고 싶은 선물을 부모님이 알려주지 않는 이상 자식들은 매번 고민에 빠진다. 이때 사람들은 대개 지난 명절이나 생신 때 했던 선물과는 '다른' 것을 해드리고 싶어 한다. 설날 선물을 살 때는 지난 추석 때 했던 것과는 다른 것을 준비하고 싶고, 지난 크리스마스나 생신 때 했던 선물과도 다른 것을 해드리고 싶어 한다.

이번 설날과 지난 추석 사이에는 실제로 5~6개월의 간격이 있음에도 불구하고, 머릿속에서 계산할 때는 마치 연이어서 발생한 것처럼 느껴진다. 따라서 지난 추석에 갈비를 사드렸는데 다시 갈비를 선물하면 부모님이 '지겨워할 것'이라고 단정한다. 하지만 명절과 명절 사이의 간격이 몇 개월씩 되기 때문에 부모 입장에서는 자식들이 생각하는 것만큼 같은 선물을 지겨워하지 않는다. 그 몇 개월 동안 부모님에게 얼마나 많은 일들이 일어났으며, 또 얼마나 많은 음식을 드셨겠는가? 현 시점에서 하는 미래 상상으로는 지금 갈비를 먹고 바로 연이어서 또 갈비를 먹는 것으로 생각되겠지만, 실제로는 갈비를 먹은 지 벌써 6개월 지났다는 사실을 기억하는 지혜가 필요하다.

마음의 면역체계

미래를 예측할 때 현재에 존재하는 것들만 영향을 주는 것은 아니다. 현재에 존재하지 않는 것들 역시 결정적인 역할을 할 수 있다.

그런 요인 가운데 특히 중요한 것은 부정적인 사건에 직면했을 때 작동하게 되는 마음속의 면역체계다.

우리 몸에 질병이 들어왔을 때 몸을 보호하기 위해 작동하는 면역체계가 존재하듯이 마음에도 심리적 면역체계가 존재한다. 실제로 극심한 스트레스 상황에 처하게 되면 심리 면역체계는 분주히 움직여서 우리가 기대하는 이상으로 스스로 그 상황을 극복할 수 있는 힘을 준다. 그러나 스트레스 상황에 처하지 않은 현 시점에서 미래의 스트레스 상황을 상상만 할 때는, 그런 면역체계가 작동할 것이라는 사실을 미처 고려하지 못한다. 그래서 우리는 부정적인 사건의 충격을 과대하게 예측한다.

'정서 예측(affective forecasting)'이라는 개념으로 연구되고 있는 이 분야의 대표적 학자는 하버드 대학교의 대니얼 길버트와 버지니아 대학교의 팀 윌슨(Tim Wilson) 교수다.[10] 이들 연구자들은 실험 참여자들에게 현재 사귀고 있는 연인과 헤어진다면 자신의 삶이 얼마나 오랫동안 비참할 것인지 예측하도록 했다. 또한 실제로 실연한 사람들을 대상으로 하여 자신들이 현재 얼마나 비참한지, 얼마나 행복한지 보고하게 했다. 그 결과, 헤어지는 것을 상상했던 사람들은 자신의 삶이 오랫동안 비참할 것이라고 예상했지만, 실제로 실연을 경험한 사람들은 상상만 했던 사람들의 예측보다는 훨씬 더 빨리 행복을 되찾은 것으로 나타났다.

왜 그럴까? 일단 실연을 직접 경험하게 되면 우리 마음의 면역체계가 눈부신 활동을 시작한다. 떠난 사람에 대한 비난에서부터, 그 사람은 처음부터 연분이 아니었다는 자기 위로, 더 좋은 사람을 만나기 위한 과정이라는 등의 해석까지 생겨나기 시작한다. 그뿐인가? 실연의 상처를 치유하기 위해 종교를 찾기도 하고, 새로운 취미 활동을 시작하기도 하고, 머리 모양을 바꾸기도 한다. 심리 면역 체계의 이런 탁월한 활동으로 인해 우리는 실연이라는 역경으로부터 예상외로 빨리 벗어나게 된다. 하지만 현재 시점에서는 이러한 면역체계의 존재와 그 활동을 고려하지 못하기 때문에 연인과 헤어지면 자신이 오랫동안 괴로워할 것이라고 과대 예측하게 되는 것이다.

라이벌 대학과의 경기에서 패한다면, 지지하는 후보가 선거에서 떨어진다면, 승진 심사에서 떨어진다면, 당연히 낙담하게 된다. 그러나 놀랍게도 대부분의 경우 생각보다는 빨리 극복한다.

헤어스타일을 과감하게 바꾸려고 결심하다가도 실행에 옮기지 못하는 사람들은, 헤어스타일을 바꾸었을 때 자신에게 쏟아질지도 모를 시선에 부담감을 느끼고 지레 두려워한다. 그래서 해보지도 않고 포기한다. 그러나 실제로는 어떤가? 긴 머리를 싹둑 잘랐을 때 처음 얼마 동안은 남의 시선에 신경을 곤두세우다가도 며칠 지나면 변화된 모습에 잘 적응하지 않던가? 짝사랑하는 사람에게 고백하려다 포기하는 사람들은 혹시 상대가 거절할 경우 무안당할까 봐 두려워한다. 그러나 어떤가? 거절당한 후에 '그래도 고백하길 잘했어' '생각보다는 내 이상형과 거리가 멀어' 하면서 잘 극복하지 않던가?

시간이 지나고 나면 웬만한 것들은 다 사소해 보이는 법이다.

이미 일어난 일들의 '결과'로 둘러싸인 현재는 과거를 예측 가능한 곳으로 보게 한다. 그래서 과거로 돌아갈 수만 있다면 미리 알아서 '인재'를 예방하고, 적재적소에 최적의 선수를 배치하여 경기를 승리로 이끌 수 있을 거라고 착각하게 만든다. 그리고 현재는 과거로부터 파생되는 당연한 귀결이라는 생각을 갖게 된다.

과거에 대한 이러한 자신감은 현재가 만들어내는 축복인 동시에 함정이다. 과거는 현재의 편에서만 쉽게 예측하게 되기나는 점을 기억한다면 '그럴 줄 알았지'라고 외치며 자신의 똑똑함을 자랑하거나 합리화하는 어리석음은 범하지 않을 것이다.

미래에 할 일에 대한 '의지'로 둘러싸인 현재는 미래를 실제보다도 낙관적인 곳으로 보이게 한다. 불타는 의지가 존재하는 현재에서 바라볼 때 계획한 미래의 모든 일들은 순조롭게 진행될 것으로 보인다. 물론 긍정적인 눈으로 미래를 바라보는 마음의 습관도 필요하지만, 현재가 만들어내는 미래의 장밋빛 착각을 제대로 직시하는 것 또한 반드시 갖춰야 할 지혜로운 습관이다.

Chapter 08
—
이름 프레임,
지혜로운 소비의 훼방꾼

프레임을 좌우하는 것 중 하나가 바로 '이름'이다.
여러 영역 중에서 이름의 영향을 가장 심각하게 받는 영역은
바로 돈이다. 돈에 붙여지는 이름에 따라 돈을
다르게 쓰게 된다는 이 단순한 원리 하나만 잊지 않고 산다면
큰 부자는 못 되더라도 지혜로운 부자는 되고도 남을 것이다.

2002년도 노벨경제학상은 경제학자들 사이에서는 하나의 '이변'으로 통한다. 그 이유는 수상자 중 한 명이 경제학자가 아닌 대니얼 카너먼이라는 심리학자였기 때문이다. 어떻게 심리학자인 그가 노벨경제학상을 수상할 수 있었을까? 바로 프레임 때문이었다.

전통적인 경제학은 사람들이 자신이 긴렇으로 인미는 깃를 실 알고 있다고 가정하는 데서 출발한다. 따라서 무엇을 좋아하는지, 싫어하는지 물어보는 방법(프레임)에 상관없이 언제나 동일한 선호를 보일 것이라고 가정한다.

예를 들면, 사과와 오렌지 중 무엇을 더 좋아하느냐고 묻든, 무엇을 더 싫어하느냐고 묻든 상관없이 일관된 답이 나와야 한다는 말이다. 앞의 질문에 사과라고 답했다면, 뒤의 질문에는 오렌지라고 답해야 한다. 또한 어떤 월간 잡지의 구독료가 '1년에 12만 원'이라고 하든 '한 달에 1만 원'이라고 하든, 사람들은 구독 여부에 대해 동일한 결정을 내린다고 가정한다. 1년 구독료가 12만 원이라고 할 경우 비싸다는 이유로 잡지 구독을 거절한다면, 한 달에 1만 원이라고 할 경우 싸다고 구독하는 일은 없어야 한다는 것이다.

그러나 카너먼 교수의 연구는 이런 기대가 틀렸음을 설득력 있게 보여주었다. 그는 사람들의 경제적 선택이 프레임에 따라서 완전히 달라진다는 점을 실험을 통해 반복적으로 증명했고, 마침내 그 공로를 인정받아 노벨경제학상을 수상하게 되었다. 프레임이 노벨상을 가능하게 만든 셈이다.[1]

프레임을 좌우하는 것 중 하나가 바로 '이름'이다. 사람들은 자신이 붙인 이름대로 세상을 판단한다. 가령 어떤 사람을 놓고 '테러리스트'라고 이름을 붙이는 것과 '자유의 전사'라고 이름 붙이는 것은 질적으로 다른 행동을 불러온다. 낙태에 찬성하는 사람들은 낙태를 '선택의 권리'라고 이름 붙이지만, 낙태에 반대하는 사람들은 '생명의 권리'라는 이름을 붙인다. 단적인 예로 힐러리 클린턴에 대한 지지도는, 그녀의 이름을 'Hillary Clinton'이라고 할 때와 결혼 전의 이름을 추가한 'Hillary Rodham Clinton'이라고 할 때 크게 차이가 난다(CNN에서 2006년 4월에 실시한 여론 조사에 따르면 Hillary Rodham Clinton에 대한 여론이 Hillary Clinton에 대한 여론보다 더 우호적이다. 왜 그런지 정확한 이유는 알 수 없다).

여러 영역 중에서 이름의 영향을 가장 심각하게 받는 영역은 무엇일까? 바로 돈이다.

공돈

시장경제에서 가장 중요한 사실은 '돈에는 이름이 없다'는 점이다. 마트에서 1만 원을 내고 선물용 주스 세트를 산다고 가정해보자. 그 돈이 '월급' 통장에서 나온 돈이면 1만 원으로 쳐주고, 책갈피에서 찾은 '공돈'이라면 5,000원의 값어치만 인정해주는 일은 일어나지 않는다.

그러나 사람들은 돈의 출처에 따라 돈에다 깃가시 이름을 붙이고는 마치 서로 다른 돈인 양 차별해서 쓰는 습관이 있다. 특히 공돈이라는 이름이 붙게 되면 그 돈은 어차피 없었던 돈이라는 프레임이 작용해서 결국 돈을 쉽게 써버리고 만다.

다음의 전설 같은 이야기는 공돈이라는 이름이 붙는 순간 그 돈이 얼마나 하찮게 여겨지는지, 또 얼마나 쉽게 써버리게 되는지 흥미진진하게 보여준다.

한 신혼부부가 카지노에서 게임을 하기로 하고 1,000달러를 들고 호텔 카지노에 들어갔다. 몇 시간 즐기다 보니 1,000달러를 모두 잃고 말았다. 신혼부부는 게임을 더 하고 싶었지만 그 유혹을 뿌리치고 호텔 방으로 돌아왔다. 자신들의 절제력에 뿌듯해하면서 말이다.

신부가 샤워를 하는 동안 신랑은 아무 생각 없이 침대에 앉아 있었다. 그때 화장대 위에 놓인 5달러짜리 카지노 칩 하나가 눈에 들어왔다. 카지노에서 기념품으로 하나 남겨 온 칩이었다. 그런데 그 칩 위에 '17'이라는 숫자가 마치 홀로그램처럼 비치는 것이 아닌가? 신랑은 좋은 징조라고 여기고 신부 몰래 다시 카지노로 향했다. 5달러를 룰렛 게임의 숫자 '17'에 모두 걸었다. 놀랍게도 공은 17에 들어갔고, 신랑은 35배 배당을 받아 한번에 175달러를 챙겼다. 신랑은 또다시 '17'에 걸었고, 이번에는 6,125달러를 땄다. 이런 식으로 몇 번을 거듭하다 보니 마침내 750만 달러라는 어마어마한 돈을 따게 되었다. 신랑은 다시 한 번 모든 돈을 17에 걸었다. 그때 카지노 매니저가 다가와 "현재 현금이 부족하니 여기서 그만두셨으면 좋겠습니다"라고 정중히 부탁했다. 신랑은 거기서 멈췄어야 했다.

그러나 순간, 신랑은 행운의 여신이 자기편인지 시험해보고 싶은 충동을 억누를 수 없었다. 그는 택시를 타고 더 큰 카지노로 향했다. 거기서 다시 17에 모든 돈을 걸었다. 놀랍게도 룰렛 공은 다시 17을 향했고, 신랑은 2억 6,200만 달러라는 엄청난 돈을 거머쥐게 되었다. 이번에야말로 정말 멈췄어야 했다. 그러나 그는 한 번 더 시도했다. 운명의 장난이었는지 볼은 '18'에 떨어졌고, 그는 지금껏 땄던 천문학적인 돈을 한순간에 잃고 말았다. 한꺼번에 2억 6,200만 달러를 잃고 호텔로 돌아온 신랑에게 신부는 어딜 다녀왔는지 물었고, 신랑은 카지노에서 룰렛 게임을 했노라고 했다. 결과를 묻는 신부의 질문에 신랑은 심드렁한 표정으로 "어, 괜찮았어.

겨우 5달러밖에 잃지 않았어"라고 말했다.[2]

신랑은 처음 가지고 있었던 5달러 외의 돈은 공돈이라고 생각했기 때문에 힘들게 번 월급이었으면 결코 도전하지 않았을 무리한 배팅을 했고, 결국 2억 6,200만 달러라는 큰돈을 잃고도 '겨우 5달러밖에 잃지 않았다'고 허세를 부렸던 것이다. 그 신랑은 분명 2억 6,200만 달러를 잃은 것이지, 자신의 말처럼 5달러만 잃은 것이 결코 아니다.

오래전에 빌려주고 까맣게 잊고 있다가 돌려받은 돈, 옷장을 정리하다가 발견한 돈, 휴면 계좌에서 발견한 돈, 주운 돈, 보너스, 연말 까지는 뷰다야 구 종종 이리 뜻되는 횟재라 안 늘 싸뷰한을 안겨주지만 그 기쁨이 그리 오래가지는 못한다. 이들에게 공돈이라는 이름이 붙기 때문이다.

지혜로운 경제생활의 출발은 돈에다 이름을 붙이지 않는 데서 시작된다. 특히 공돈이라는 이름은 피하는 것이 좋다. 그러나 이미 공돈이라는 이름이 습관이 되어 있다면 사회심리학자 토머스 길로비치(Thomas Gilovich)의 조언대로 해보라.

"공돈을 은행에다 2주간만 저축해놓아라."

은행에 예치되어 있는 동안 그 돈은 누가 시키지 않아도 '공돈'이라는 이름에서 '예금'이라는 이름으로 심리적 돈세탁이 이루어질 것이고, 노력하지 않아도 자연스럽게 그 돈을 아끼게 될 것이다.

푼돈

공돈 못지않게 지혜롭지 않은 이름이 푼돈이다. 액수가 적은 돈에는 습관적으로 푼돈이라는 이름이 붙는데, 그 이름이 붙는 순간 그 돈은 쉽게 소비될 운명에 처하게 된다.

저자의 가족이 오랫동안 다니고 있는 교회의 작고하신 목사님은 월말이 되면 월간 묵상 교재를 교인들에게 홍보하셨는데, 그때마다 이렇게 말씀하셨다.

"커피 한 잔 안 사 드시면 이 좋은 책을 보실 수 있습니다."

그렇게 말씀하지 않아도 신앙심이 돈독한 신자들은 으레 그 책을 사서 경건한 생활을 하겠지만, 나같이 무늬만 신자인 사람은 '커피 한 잔 값'이라는 말에 마음이 움직였다. 1년에 3만 6,000원이라고 하는 것과 한 달에 3,000원이라고 하는 것은 결국 같은 뜻이지만 느낌이 전혀 다르다. 그 이유는 프레임을 바꿔주기 때문이다. 한 달 구독료로 프레임하게 되면 그 돈을 소소한 돈, 즉 푼돈으로 바라보게 한다.

스타벅스 커피를 즐겨 마시는 사람들에겐 '커피 한 잔만 안 마시면 되잖아!'라는 생각을, 택시를 자주 타는 사람들에게는 '하루만

지하철 타면 되지!'라는 생각을 자연스럽게 유발시킨다. 결국 1년 구독료의 총합은 동일하지만, 이를 월 단위로 나눠 리프레임함으로써 그 지출을 습관적인 소소한 지출과 비교하게 하여 푼돈으로 여기게 만드는 것이다.

실제로 연간 구독료로 가격을 제시하는 것보다는 권당 구독료로 제시하는 것이 잡지 구독률을 10~40%까지 올려준다는 보고가 있다. 언제부턴가 연간 구독료를 제시하는 잡지보다는 권당 구독료를 강조하는 잡지들이 늘어나고 있는 것도 이 때문이다. 같은 맥락에서 요즘 건강보험 광고를 보면 "하루 OO원이면 걱정 끝"이라는 문구가 자주 등장한다. 1년 건강보험료 총액부터 섭하게 되면 '복논'이 들어간다는 생각에 부담스러워지지만, 그 가격을 하루 단위로 리프레임해서 제시하면 '푼돈', 즉 자판기 커피 한 잔 값이면 된다는 생각을 갖게 한다.

하버드 대학교의 존 거빌(John Gourville) 교수가 수행한 연구를 보면 이러한 푼돈 프레임(마케팅에서는 'Pennies-A-Day' 기법이라고 함)의 위력을 실감할 수 있다.[3] 연구팀은 참여자들에게 회사에서 한 구호단체에 기부하는 프로그램을 마련하고 사원들에게 1년간 기부할 의사를 물었다. 한 조건에서는 연간 기부액(30만 원)을 제시했고, 다른 조건에서는 일일 기부액(하루 850원)을 제시했다.

과연 어느 조건에서 기부 참여자가 더 많았을까? 분석 결과, 연간 총액 프레임 조건에서는 30%만이 기부 의사를 밝혔지만, 일일 기부액 프레임 조건(푼돈 프레임 조건)에서는 52%가 기부 의사를 밝혔다. 일일 기부액 조건의 사람들이 연간 총액 조건의 사람들보다 더 선한 사람들이었을까? 아니다. 이들에게는 푼돈 프레임이 제시되어 선한 일을 더 쉽게 하도록 유도되었을 뿐이다. 선행은 선한 의지만으로는 부족할 때가 있다. 그래서 선한 행동을 쉽게 할 수 있도록 유도해주는 프레임이 필요한 것이다.

위와 같은 이유로 푼돈 프레임이 우리를 선한 길로 인도하기도 하지만, 때로는 원치 않는 소비로 이끌 수도 있다. 어떤 잡지사에서 새 주간지를 창간하면서 당신에게 구독을 권했다고 하자. 그러면서 출간 기념으로 독자들이 원하는 가격에 잡지를 구독할 수 있도록 하겠다는 파격적인 제의를 했다면? 이때 당신에게 한 부당(즉, 매주) 구독료가 얼마면 구독할 용의가 있는지 물었다고 하자. 얼마를 적어내겠는가? 만일 이 질문 대신에 연간 구독료가 얼마면 구독할 용의가 있는지 물어왔다고도 해보자. 얼마를 적어내겠는가?

만일 프레임이 중요하지 않다면, 당신의 마음속에 '1년 적정 구독료'가 분명하게 존재하고 있어서 어떤 프레임으로 묻든 동일한 총액을 적어낼 것이다. 첫 번째 질문에 대해 권당 1,000원이면 좋겠다고 적어냈다면, 두 번째 질문에는 연간 5만 2,000원(1,000원×52주)이라고 적어내야 할 것이다. 그러나 우리의 행동은 이와는 전혀 다르다.

실제 연구 결과를 보면, 연간 구독료를 물어본 조건보다 권당 구독료를 물어본 조건에서 연간 총액 기준으로 거의 두 배 이상 높은 가격을 적어냈다. 다시 말해 적정 연간 구독료를 쓰게 한 조건에서

5만 2,000원을 써냈다면(권당으로 환산하면 1,000원에 해당), 적정 권당 구독료를 쓰게 한 조건에서는 무려 2,000원을 적어낸 것이다(연구독료로 환산하면 2,000원×52주＝10만 4,000원). 권당 프레임 조건에서는 일주일에 2,000원 정도면 커피 한 잔 값 정도밖에 되지 않는다는 푼돈 심리를 유발했기 때문에 액수가 높아졌던 것이다.

따라서 상술이 좋은 판매자들은 어떻게 해서든지 소비자들에게 푼돈 프레임을 유도하려고 노력한다. 신용카드의 할부 판매도 같은 원리다. 이에 맞서 지혜로운 소비자가 되기 위해서는 판매자의 푼돈 프레임을 총액 프레임으로 리프레임하는 지혜가 필요하다. 담배 한 갑에 2,000원밖에 안 된다고 생각하는 사람들은 1년간 지출할 담배 값이 얼마인지 생각해봐야 한다. 매주 3~4장씩 로또를 사는 사람들은 그 돈이 푼돈이라고 생각하겠지만, 1년간 지출하게 될, 혹은 향후 5년간 지출하게 될 로또 비용 총액을 계산해볼 필요가 있다.

5년에 걸친 교통안전분담금 환급 신청이 2007년 1월 2일자로 만료됐는데, 전체 금액의 45%인 582억 원은 찾아가지 않아 결국 국고에 귀속되었다. 전체 환급액 1,267억 원(3,300만 명) 가운데 685억 원(1,700만 명) 정도만 신청한 것이다. 교통안전분담금은 일종의 준조세 성격을 띤 것인데, 2종 운전면허 소지자의 경우 신규로 발급받거나 갱신할 때 9년치 5,400원, 승용차 소지자는 정기등록 때 4년치 1만 9,200원을 납부하게 했다. 이 제도는 2001년 12월 30일자로 폐지됐고, 정부는 2002년 12월 30일까지 1년간의 유예기간을 두고 신청하는 사람들에게 환급해주겠다고 발표했다. 개인에 따라 적게는 4,000원에서 많게는 1만 9,200원에 이르는 돈을 돌려받을 수 있게 된 것이다.

정부의 홍보 부족이라는 납세자연맹의 항의로 환급 기간이 연장되었지만, 1,700만 명은 끝까지 환급을 신청하지 않았다. 홍보 부족이 주된 이유라고 생각하겠지만, 그보다 더 근본적인 이유는 개개인의 국민들에게는 환급액이 푼돈으로 인식되었기 때문이다.

동창회비를 자발적으로 내도록 하는 경우와 일괄적으로 자동이체한 후에 원하지 않는 사람에 한해 자동이체를 취소할 수 있도록 하는 경우, 어느 쪽에서 회비가 더 많이 걷힐까? 답은 불을 보듯 뻔하다. 일단 이체된 후에 환급받으려는 회비는 일부 회원들에게는 푼돈으로 느껴진다. 따라서 회비를 내라고 하면 내지 않을 사람도 일단 자동이체로 빠져나간 회비에 대해서는 적극적으로 돌려받으려 하지 않는다. 따라서 모임의 지혜로운(?) 총무는 회비를 자동이체로 걷은 후에 돌려받기를 원하는 사람들에게 환급해주는 전략을 쓴다.

그렇다고 돈에 '푼돈'이라고 이름을 붙이는 것이 항상 나쁜 건 아니다. 지혜롭게 잘만 이용하면 두고두고 만족할 만한 일을 할 수 있다. 바로 의미 있는 일에 돈을 지출해야 할 때 '평생 한 번'이라는 프레임을 씀으로써 지출하는 돈을 가볍게 여기도록 만드는 것이다.

큰맘 먹고 가족들과 해외여행을 다녀온 적이 있다. 경비가 부담스러운 여행이었지만, '앞으로 평생 이런 여행은 하기 어려울 텐데'라는 생각에 이르자 여행 경비가 덜 부담스러워졌다. 가정경제를 한 달로 보면 도저히 감당할 수 없는 경비였고 가정경제를 1년으로 봐도 부담스러운 경비였지만, '평생'이라는 장기 프레임을 도입하자 한순간에 돈의 무게감이 줄어든 것이었다. 우리 가족은 그 여행을 맘껏 즐겼고, 그때 다녀오기를 참 잘했다는 생각이 지금도 든다.

살다 보면 형편이 여의치 않아 계속 미루게 되거나 못 하게 되는 일들이 많다. 단기적인 프레임으로 보면, 한 달 생활하기도 벅찬데 무슨 호사냐고, 내 앞가림도 못하는데 누굴 돕는다는 말인가, 하며 미루게 되는 일이 대부분이다.

그러나 의미 있고 가치 있는 일이라는 확신이 들면, 경제적으로 부담스러운 큰돈을 표준시점 바라보기는 '평생 한 번인데'라는 장기적인 프레임을 가져보는 지혜가 필요하다. 배고픔에 죽어가는 아프리카 어린이 한 명을 살리는 데 드는 돈은 평생의 관점에서 보면 푼돈에 불과하다. 가족들과 함께 가는 여행 경비도 평생 관점에서는 푼돈이다. 이렇게 프레임을 바꿔보는 것도 지혜로운 삶의 한 방편이다.

원래 가격

푼돈이라는 이름이 절대적으로 적은 액수의 돈에만 적용되는 것은 아니다. '푼돈'으로 여겨지는 100원도 상황에 따라서는 '귀한 돈'

이 되기도 한다. 카너먼 교수와 그의 동료인 아모스 트버스키(Amos Tversky) 교수가 1981년에 발표한 연구가 이러한 점을 잘 보여준다.[4] 그 실험에서 쓰였던 질문과 유사하게 질문을 조금 각색해서 제시하니, 독자들도 한번 답해보기 바란다.

〈상황 A〉

당신이 TV를 사기 위해 가전 매장에 들렀다. 마음에 드는 제품이 있는데 가격이 100만 원이었다. 생각보다 비싸서 고민하고 있는데, 매장 직원이 말하기를 한 시간 거리에 있는 다른 매장에서 특별 세일을 하고 있는데 그곳에 가면 같은 물건을 3만 원 더 싸게 살 수 있다고 한다. 당신이라면 한 시간 운전을 해서 3만 원 더 싼 TV를 사러 갈 것인가?

〈상황 B〉

당신이 전자계산기를 사기 위해 가전 매장에 들렀다. 마음에 드는 계산기가 있는데 가격이 5만 원이었다. 생각보다 비싸서 고민하고 있는데, 매장 직원이 말하기를 한 시간 거리에 있는 다른 매장에 가면 특별 세일을 하고 있는데 그곳에 가면 같은 물건을 3만 원 더 싸게 살 수 있다고 한다. 당신이라면 한 시간 운전을 해서 3만 원 더 싼 계산기를 사러 갈 것인가?

이 질문을 받은 대다수의 사람들은 100만 원짜리 TV를 3만 원 더 싸게 사기 위해서 한 시간씩 운전을 하지는 않겠지만, 5만 원짜리 전자계산기를 3만 원 더 싸게 사기 위해서는 기꺼이 그렇게 하겠다고 답했다. 어떤 이들은 자신의 선택을 정당화하기 위해 나름대로 경제학적인 논리를 동원한다. 100만 원짜리 TV를 사면서 '푼돈 3만 원' 아끼자고 한 시간 운전하는 것은 기름값, 노동력, 운전하는 동안 일어날 수 있는 사고 가능성, 그 외의 여러 가지 기회비용까지 고려할 때 비합리적이라고 주장한다. 그러나 5만 원짜리 계산기를 사면서 아끼는 3만 원은 아주 '귀한 돈'이라고 말한다. 원래 가격이 5만 원인데 2만 원에 샀으니 3만 원을 벌었다고까지 생각한다. 요즘 세상에 누가 3만 원을 거저 주냐며 열변을 토한다.

그러나 두 가지 상황 모두 절약한 수 있는 돈데 액수는 3만 원으로 동일하다. 당신이 정말로 경제적으로 합리적인 사람이라면 두 경우 모두 더 싼 매장으로 가거나, 두 경우 모두 싼 매장으로 가지 않는 '일관된' 반응을 보여야 한다. 계산기를 살 때 절약하는 3만 원은 귀한 돈이고, TV를 살 때 절약하는 3만 원은 이보다 덜 귀한 푼돈이란 법칙은 경제학 교과서 어디에도 없다. 마찬가지로 콩나물을 살 때 깎는 100원과 몇 십만 원짜리 고가품을 살 때 깎는 100원도 동일하다. 콩나물 값을 깎는 사람은 절약 정신이 투철한 사람이고 고가품을 깎는 사람은 쩨쩨하다고 생각한다면, 착각이다.

그런데 대부분의 사람들이 그렇게 행동한다. 돈의 가치를 절대적인 액수로 파악하기보다는 '원래 가격'이라고 붙은 이름에 현혹되어 돈을 상대적 가치로 파악하기 때문이다. 그래서 계산기의 경우 5만 원 중 3만 원(60%)을 절약하기 때문에 상대적으로 많은 돈을 절약하는 것처럼 느끼고, TV의 경우 100만 원 중 3만 원(3%)을 절약하기 때문에 아주 소소한 액수(즉, 푼돈)를 절약한다고 생각한다.

세일 기간에 이뤄지는 충동구매의 대부분은 '원래 가격'이라는 이름의 함정에 넘어간 결과다. 원래 가격표에 50만 원이 붙어 있는 물건을 20만 원에 사면 사람들은 30만 원을 벌었다고 착각한다. 집에 돌아와서는 남편이나 아내에게 "이게 원래 얼마짜린 줄 알아?" 하면서 되레 큰돈을 절약한 것처럼 목청을 높인다. 그러나 당신은 30만 원을 번 것이 아니라 20만 원을 지출했을 뿐이다. 쇼핑을 마친 뒤, 예금통장에 실제로 30만 원이 입금되는 기적은 한 번도 일어난 적이 없다. 어리석은 소비자는 늘 원래 가격표를 찾아서 헤맨다. 그래서 지혜로운 상인은 세일 품목에다 원래 가격표를 늘 붙여놓는다.

진정으로 지혜로운 부자들은 돈의 절대 액수를 중요시하기 때문에 상대적 비교에 따른 푼돈이란 이름을 거부한다. 그래서 그들은 수백억을 가지고도 100원짜리 하나도 소중히 여기지만, 상대적 가치 프레임에 빠져 있는 사람들은 콩나물 값을 깎을 때는 100원을 귀하게 여기다가도 10만 원짜리 물건을 살 때는 100원을 하찮게 여겨 깎으려고도 하지 않고, 혹시나 100원을 깎아준다고 하면 오히려 기분 나빠 한다.

문화비

아이들을 데리고 놀이공원에 갔다가 아들 녀석이 기념품 인형을 사달라기에 5,000원을 주고 사준 적이 있다. 아이가 좋아하는 모습을 보며 뿌듯했는데, 다니는 도중에 그만 잃어버리게 되었다. 같은 인형을 또 사달라고 조르는 아이에게 "뭣하러 그런 인형에 1만 원씩이나 쓰니?" 하면서 단번에 거절했다. 시무룩해하는 아이를 달래주기 위해 즐겨 온 피자스고(인형보나 너 비싼) 피자는 사주었다.

누구나 한 번쯤은 경험해봤을 법한 상황이다. 왜 저자는 그 상황에서 인형 값으로 5,000원을 추가 지불하는 것은 거부하면서, 그보다 더 비싼 피자는 쉽게 사주었을까? 그 답 역시 '이름'에 있다.

이제 다음 두 가지 상황을 떠올려보자.

〈상황 A〉

평소에 보고 싶었던 뮤지컬 공연 티켓을 5만 원에 구입했다. 극장 매표소에서 지갑을 확인하니, 오는 도중에 티켓을 분실했음을 알게 되었다. 현재 극장에는 잔여 티켓이 남아 있고, 지갑을 확인하니 티켓을 살 만큼의 돈이 들어 있다. 5만 원을 주고 다시 티켓을 구입하겠는가?

〈상황 B〉

평소에 보고 싶었던 뮤지컬 공연을 보기 위해 극장으로 향했다. 극장
에 도착하여 티켓을 구입하려고 지갑을 열어보니, 오는 도중에 현금
5만 원을 분실했음을 알게 되었다. 현재 극장에는 잔여 티켓이 남아
있고, 지갑에는 표를 살 만큼의 돈이 남아 있다. 5만 원을 주고 티켓을
구입하겠는가?

A와 B, 어느 상황일 때 당신은 표를 구입하겠는가? 행동경제학
연구에 따르면, 다수의 사람들이 A의 경우에는 표를 사는 데 주저
하지만 B의 경우에는 흔쾌히 표를 산다. 독자들도 예외는 아닐 것
이다.[5] 두 경우 모두 뮤지컬 티켓을 사게 되면 주머니에서 10만 원
이 빠져나간다는 점에서는 똑같다. 차이가 있다면 A의 경우는 5만
원짜리 티켓을 두 번 사서 10만 원을 지출하는 것이고, B의 경우는
현금 5만 원을 잃어버리고 다른 5만 원으로 티켓을 구입해서 10만
원이 지출된다는 점이다. 절대적인 돈의 액수는 동일하지만 이 두
가지 상황은 심리적으로 큰 차이를 유발한다.

A의 경우 사람들은 '문화비'라는 이름의 항목, 혹은 '뮤지컬 공연
비'라는 이름의 항목에서 10만 원이 지출되는 것으로 받아들인다.
따라서 '뮤지컬 표 한 장에 10만 원이나 쓰다니'라고 스스로를 나무
라면서 다시 구입하기를 주저한다.

그러나 B의 경우는 처음 분실한 현금 5만 원은 '문화비'가 아니
라 '생활비'라는 이름의 항목에서 나간 돈으로 받아들이기 때문에

'표 한 장에 10만 원을 지출했다'는 생각을 하지 않으며, 뮤지컬 티켓은 5만 원에 구입한 것으로 받아들인다. 다시 말해 '생활비 5만 원을 분실하고'와 '문화비에서 5만 원을 지출했다'라고 두 사건을 심리적으로 분리시켜버리는 것이다.

결국 10만 원이라는 돈이 자산에서 줄어들었다는 객관적인 사실은 동일하지만 그 지출을 이름이 서로 다른 두 항목에서 이루어진 지출로 여기느냐, 아니면 하나의 이름을 가진 항목에서 지출된 것으로 여기느냐에 따라 돈 씀씀이가 결정된다. 따라서 그 공연을 보는 것이 자신에게 정말로 의미 있고 행복하게 해주는 일이라면, 티켓을 잃어버렸어도 티켓을 잃어버렸다기보다는 현금을 잃어버렸다고 생각하는 것이 지혜로운 프레임 방법이다.

일일 이용권과 시즌 이용권

고교 동창인 H군과 S군이 3박 4일 연휴 동안 스키장을 찾았다. 이들은 퇴근 시간이 달랐기 때문에 서로 다른 시간에 스키장에 도착했고, 앞으로 나흘간 이용하게 될 리프트 티켓을 각자 따로 구입했다. H군은 나흘치 리프트 이용권을 하나의 패스로 구입했고(그림 X), S군은 1일 리프트 이용권 4장을 낱개로 구입했다(그림 Y). 물론 두 사람이 지불한 총 가격은 동일했다.

열심히 스키를 즐겼는데 3일째 되던 날 밤에 갑자기 날이 풀리면서 비가 내리기 시작했다. 더욱이 연휴 마지막 밤이었기 때문에 밤 늦게까지 술을 마시게 되었다. 다음 날 스키장 상태는 그럭저럭 스키를 탈 정도는 되었지만 스키를 즐기기에 최적의 조건은 아니었다. 함께 갔던 다른 동창 N군이 제안하기를, 날씨도 그렇고 몸도 고단하니 차라리 이른 점심을 먹고 교통 혼잡도 피할 겸 조금 일찍 서울로 떠나자고 했다.

두 사람 다 스키를 무척 좋아했고, 지난밤에 같은 수준으로 과음을 해서 몸 상태도 비슷했다. 과연 그런 상황에서 H군과 S군 중 누가 더 스키를 타는 데 집착할까? 누가 지불한 돈을 더 아까워했을까?

두 사람의 차이라면 구입한 리프트 이용권의 물리적 형태다. 즉, 하나는 통합된 패스였고, 다른 하나는 한 장씩 분리된 4장의 티켓이었다. 정말로 스키를 좋아한다면 그게 무슨 대수냐고 할 것이다. 그러나 아주 사소한 것처럼 보이는 이 차이는 두 사람에게 질적으로 서로 다른 프레임을 유발한다. 그 결과, 하나의 패스를 구입한 H군보다는 1일 이용권을 낱장으로 구입한 S군이 마지막 날 스키에 더 집착하게 된다.

이 주제를 연구했던 소먼(Soman)과 거빌(Gourville) 교수의 해석을 들여다보자.[6] 일일 이용권 4장을 구입한 S군의 경우에 이용권 한 장에 3만 원이라고 가정하자. S군은 매일 리프트를 타면서 1장씩을 사용했다. 마지막 날 그의 손에는 사용하지 않은 이용권 1장이 남아 있다. S군의 경우 '티켓 1장=1일 리프트 사용=3만 원'이라는

〈그림 X : 1장으로 통합된 리프트 이용권 패스〉

〈그림 Y : 1일 리프트 이용권 4장〉

공식이 존재한다. 자신이 받는 서비스와 그에 해당하는 가격이 정확하게 연결되어 있는 것이다(이를 'coupled'라고 함). 따라서 마지막 날 스키를 타지 않으면 티켓 1장이 그대로 남게 되고, 결국 3만 원이 낭비된다는 생각을 하게 된다.

나흘치 리프트 이용권 패스를 12만 원에 구입한 H군의 경우에는 사정이 다르다. 하루 리프트 이용에 정확하게 매치되는 물리적 단서가 없다. 패스의 4분의 1씩 잘려나가는 것도 아니다. 자신이 받는 서비스와 그에 매치되는 돈의 연결이 분명치 않기 때문에(이를 decoupled라고 함), 마지막 날 스키를 타지 않으면 무엇이 얼마만큼 낭비되는지 상대적으로 분명하지 않다. 따라서 12만 원으로 사흘 동안 충분히 잘 즐겼다고 쉽게 자기 합리화를 하게 된다.

호텔, 항공권, 식사, 시내 관광을 하나로 묶은 패키지 여행권을 구입했다가 중간에 일정이 바뀌는 바람에 식사를 걸렀던 적이 있거나, 관광 일정을 일부 포기한 경험이 있다면 이런 상황을 충분히 공감할 것이다. 이 모든 것을 따로 구입한 사람은 각각의 해당 티켓을 가지고 있기 때문에 그중 하나라도 못 쓰게 되면 아깝게 느낀다. 그러나 패키지로 구입한 사람은 '그 가격으로 지금까지 충분히 잘 즐겼다'라고 쉽게 생각하기 때문에 패키지 중 한두 가지쯤 포기하는 것을 대수롭지 않게 여기게 되는 것이다.

스포츠센터 이용권을 끊어놓고도 자주 이용하지 않는다면, 지금 당장 스포츠센터로 달려가 30개의 낱장으로 만들어달라고 요청하라. 당신이 스포츠센터에 자주 못 가는 이유는 의지 부족일 수도 있지만, 이용권이 패스로 되어 있어 몇 번씩 빠지는 것이 대수롭지 않게 여겨지기 때문이다.

원화와 달러화

어떤 사람의 키가 174센티미터라고 해보자. 피트로 재면 5.7피트 정도다. 기본 단위가 다르기 때문에 미터로는 '174'라는 큰 숫자가 나오고 피트로는 '5.7'이라는 작은 숫자가 나온다. 그러나 이 두 숫자는 분명히 같은 키를 나타낸다. 만일 이 사람이 5.7이라는 숫자가 너무 작기 때문에 만족할 수 없다며, 자신의 키를 174피트라고 우긴다면 웃음거리가 되고 말 것이다.

돈도 마찬가지다. 돈에는 실제 가치가 있고 명목 가치가 있다. 1980년대 1,000원과 2000년대 1,000원의 명목 가치는 동일하지만 실제 가치는 다르다. 또한 나라마다 사용하는 화폐의 기본 단위 크기에 따라 명목 액수는 커질 수도, 작아질 수도 있지만 실제 가치는 동일하다. 예를 들어 미화 1달러는 원화로 1,000원(편의상 1,000원이라고 함)에 해당하다, 겉으로 드러나는 숫자는 1,000으로써 차이가 많이 나지만 실제 가치는 동일하다. 따라서 키를 쟀을 때 174센티미터인 경우에는 크다고 하고 5.7피트인 경우에는 작다고 해서는 안 되듯이, 원화로 구입할 때 '1만 원'짜리 물건은 비싸다고 생각하면서 달러로 구입할 때 '10달러'는 싸다고 생각해서는 안 된다.

면세점에서 고급 넥타이를 사려고 하는데 한곳에서는 200달러로, 다른 곳에서는 20만 원으로 가격표가 붙어 있다고 해보자. 어느 면세점에서 넥타이를 사는 데 더 주저하게 될까?

연구에 따르면 원화로 계산하는 경우에 주저할 가능성이 높다. 기본 단위의 가치가 높아 액수 자체가 줄어드는 경우, 즉 달러의 경우는 겨우 200달러라고 생각하기 쉽다. 명목상의 숫자 200에 영향을 받아 그렇게 느끼는 것이다. 그러나 기본 단위가 작아서 겉으로 드러나는 액수가 커지는 경우, 즉 원화는 무려 20만 원이나 한다고 느끼게 된다. 돈의 실질적인 가치는 200달러나 20만 원이나 같지만 돈의 가치를 나타내는 프레임, 즉 기본 단위가 다르기 때문에 같은 돈에 대해서도 심리적으로 차이를 경험하게 된다.[7]

이 차이가 실감나지 않는다면 같은 넥타이를 루마니아 돈 '레이'로 지불한다고 가정해보자. 미화 1달러가 2만 4,500레이쯤 되니까 200달러짜리 넥타이는 490만 레이쯤 된다. 아무리 실질적인 돈의 가치가 같다는 것을 알아도 490만 레이를 주고 선뜻 넥타이를 사기는 쉽지 않을 것이다. 돈의 단위가 돈을 바라보는 프레임을 결정하기 때문이다.[8]

해외여행을 갈 때 그 나라 돈의 기본 단위 크기에 따라 씀씀이가 달라질 수 있다는 점을 기억한다면, 여행 후 신용카드 결제일에 가슴을 쓸어내릴 일은 줄어들 것이다. 그게 힘들다면 해외여행 중에 물건을 살 때 기본 단위의 실제 가치가 적은 돈으로 계산하는 것도 방법이다. 인천공항 면세점에서 달러가 아닌 원화로 계산하는 것처럼 말이다.

신용카드와 포인트

돈에 대한 프레임은 돈의 물리적 형태에 따라서도 달라진다. 신용카드는 직사각형 모양에 재질이 플라스틱일 뿐 현금과 동일한 통화 수단이다. 현금과는 달리 지출 시기가 일정 기간 늦춰진다는 특징이 있긴 하지만, 신용카드도 엄연히 돈이다. 카드 대금을 갚을 때 현금으로 갚지, 플라스틱으로 갚는 것은 아니지 않는가? 그런데도 막상 신용카드를 손에 쥐면 사람들은 '열심히 일한 당신! 소비를 즐겨라!'라는 유혹에 쉽게 빠져들고 만다.

미국의 한 식당에서 일주일 동안 135명의 손님들을 무작위로 추출하여 그들이 신용카드로 음식 값을 계산하는지 현금으로 계산하는지를 기록하고, 종업원들에게 주는 팁의 액수를 조사했다.[9] 뿐만 아니라 함께 식사를 한 손님의 수와 식사비 총액을 모두 기록했다. 그런 후에 식사비 총액이 비슷한 손님들 간에 팁의 액수를 비교했더니, 현금으로 식사비를 계산한 손님보다 신용카드로 계산한 손님들이 팁을 더 많이 준 것으로 나타났다. 현금으로 계산한 경우 총 식사비용의 평균 14.95%가 팁으로 주어졌지만, 신용카드로 계산한 경우 평균 16.95%가 팁으로 주어졌다.

또 다른 연구에서는 참여자들에게 몇 개의 상품을 보여주고 각각의 물건을 얼마에 살 용의가 있는지 물었다. 한 조건에서는 상품 목록이 제시된 책상 한편에 신용카드 로고가 그려진 상징물을 비치했고, 다른 조건에서는 이 상징물을 비치하지 않았다. 그 결과, 신용카드 로고를 본 조건의 참여자들이 그렇지 않은 참여자들보다 제시된 상품에 더 많은 돈을 지불하겠다고 응답했다. 한 예로, 남자 스웨터의 경우 신용카드 로고 조건에서는 평균 20.64달러를 지불하겠다고 응답했지만, 신용카드 로고가 없는 조건에서는 13.91달러만 지불하겠다고 응답했다. 토스터기의 경우에는 그 차이가 67.33달러와 21.50달러로 더 크게 벌어졌다.

한마디로 돈의 형태가 바뀌자 지출의 규모가 달라진 것이다. '신용카드=소비'라는 공식이 의식에 강하게 자리하고 있기 때문에 신용카드를 보기만 해도 소비 행동이 유발될 수 있다는 점을 보여주는 놀라운 연구 결과라 할 수 있다.

신용카드가 돈의 물리적 형태를 바꿔놓은 것이라면, 각종 포인트나 마일리지 점수는 돈의 물리적 형태 자체를 없애버린 경우다. 개념적인 '숫자'로만 존재하고 있을 뿐, 지폐나 동전 혹은 플라스틱과 같은 구체적인 형태를 띠고 있지 않다. 그러나 포인트도 일정한 장소에서는 엄연히 현금과 동일한 기능을 한다.

그런데도 사람들은 물리적 형태를 갖춘 현금을 쓸 때보다는 개념으로만 존재하는 포인트를 사용할 때 훨씬 쉽게 써버린다. 마치 포인트 점수는 현금보다 가치가 덜한 것처럼 취급하는 것이다. 그래서인지 총자산을 계산할 때 포인트까지 포함시키는 사람은 매우 드물다. 뿐만 아니라 패밀리 레스토랑에서 친구들과 식사를 한 후에 자신에게 식사 값을 더 내라고 하면 주저하면서도 그 값에 해당하는 포인트 점수는 흔쾌히 사용한다. 동행한 친구들 역시 포인트 점수로 계산을 한 친구의 식사 값은 감해줄 생각조차 하지 않는다. 포인트를 쓰는 사람이나 그 혜택을 보는 주변 사람 모두, 포인트는 돈이 아니라고 생각하기 때문이다.

요즘 유행처럼 번지고 있는 트렌드 중 안타까운 하나는 바로 재테크에 대한 지나친 강조다. 물론 재테크에 대한 관심이나 지식도 필요하지만 그에 앞서 우리의 돈 씀씀이를 결정하는 마음의 습관에 대한 공부가 더 절실하다. 재테크는 부를 가져다주지만 마음의 습관에 대한 공부는 지혜를 가져다주기 때문이다.

이 장에서는 그런 습관 중에서도 돈에 이름을 붙이는 '이름 프레임'의 위험성에 대해 알아봤다. 돈에 붙여지는 이름에 따라 돈을 다르게 쓰게 된다는 이 단순한 원리 하나만 잊지 않고 살아도 큰 부자는 못 되더라도 지혜로운 부자는 되고도 남을 것이나,

경제적 합리성의 기본은 돈에 이름을 붙이지 않는 데서 출발한다. '공돈'이라는 이름은 없다는 것을 기억하라. '어차피 없었던 돈' 혹은 '어차피 쓰려고 했던 돈'이라는 이름도 없다. '이 돈, 있어도 살고 없어도 산다'는 표현도 쓰지 않는 것이 좋다. 이것만 충실히 지켜도 경제적으로 지혜로운 사람이 될 수 있다.

Chapter 09

변화 프레임,
경제적 선택을 좌우하는 힘

어떤 프레임으로 제시되더라도 똑같은 결정을 내릴 수 있는 능력,
바로 그 능력이 경제적 지혜의 핵심이다.
자신의 선택이 잘못된 것 같을 때 자신의 성격을
탓하기보다는 그 선택이 어떻게 프레임되어
있는지부터 살펴보는 지혜가 필요하다.

만일 불의의 사고로 손발을 잃거나 하반신이 마비된다면 어떨지 물었을 때 "그거 잘됐다!"라고 쾌재를 부르거나 "처음엔 충격이 크겠지만 금방 괜찮아지겠죠"라고 의연하게 답할 사람은 없을 것이다. 대부분의 사람들이 생각도 하기 싫은 끔찍한 일이라며 고개를 절레절레 내젓고 말 것이다.

그런데 그와 같은 불행을 실제로 경험한 사람들을 대상으로 수행한 연구에 따르면, 그들은 우리가 생각하는 것만큼 그렇게 불행해하지 않는다. 심지어 보통 사람보다 더 행복하게 사는 사람들도 있다. 반대로 복권에 당첨되어 하루아침에 큰 부자가 된 사람도 우리가 예상하는 것만큼 행복하지만은 않다.

행복과 불행에 대한 예측이 이처럼 실제와 다른 이유는 인간이 가지고 있는 놀라운 적응 능력에서 기인한다. 사람들은 생각보다 빠른 속도로 어떤 '상태'에 신속하게 적응한다. 어두운 극장에 들어가면 처음엔 눈앞이 캄캄해서 아무것도 보이지 않지만, 몇 초만 지나면 주변이 눈에 들어오기 시작하는 것과 같은 이치다.

부자가 되는 것이 행복의 왕도가 아님을 잘 알면서도 너나없이 부자가 되려고 애쓰는 이유도 부자가 되어가는 과정이 부자가 된 상태보다 더 즐겁기 때문이다. 우리는 어떤 '상태'에 쉽게 적응하는 탓에 '변화'에 무척 예민하다. 이것이 우리의 경제적 선택과 판단을 움직이는 또 다른 핵심 원리다.

선택의 갈림길

아래 두 상황의 A와 B 옵션 중에 독자들은 어느 쪽을 선택하겠는가?

〈상황 1〉

현재 100만 원의 수입이 생겼다고 가정해보자.

A 추가로 50만 원을 확실히 더 받을 수 있다.

B 동전을 던져서 앞면이 나오면 100만 원을 더 받고,

뒷면이 나오면 한 푼도 못 받는다.

조금 적지만 확실하게 50만 원을 더 받을 것인가? 확률은 반반이지만 한 푼도 받지 못할 상황까지 감수하면서, 추가 수입 100만 원의 가능성에 승부수를 던질 것인가?

이제 두 번째 상황을 보자.

〈상황 2〉

현재 200만 원의 수입이 생겼다고 가정해보자.

A 무조건 50만 원을 내놓아야 한다.

B 동전을 던져서 앞면이 나오면 100만 원을 내놓고,

  뒷면이 나오면 한 푼도 내지 않아도 된다.

이 상황에서는 어느 쪽 옵션을 선택할 것인가? 그냥 앉아서 50만 원을 내놓을 것인가, 아니면 확률은 반반이지만 여차하면 100만 원의 벌금을 낼 수도 있는 상황에서, 한 푼도 내지 않을 가능성에 승부수를 던질 것인가?

만일 당신이 '상태 프레임'을 가지고 세상을 본다면 〈상황 1〉과 〈상황 2〉는 아무런 차이가 없음을 알아차렸을 것이다. 〈상황 1〉에서 A를 택하면 당신의 최종 상태는 확실하게 150만 원이 된다. 그러나 B를 택하면 2분의 1 확률로 최종 상태가 150만 원이 된다. 〈상황 2〉에서도 마찬가지다. A를 선택하면 당신의 최종 상태는 확실하게 150만 원이 된다. B를 택하면 역시 2분의 1의 확률로 150만 원의 상태에 이르게 된다. 결국 최종 결과로 보자면, 〈상황 1〉과 〈상황 2〉는 완벽하게 같다. 따라서 상태를 기준으로 세상을 본다면 이 두 상황에서 내리는 선택 또한 같을 수밖에 없다.

그러나 '변화 프레임'으로 세상을 본다면 〈상황 1〉과 〈상황 2〉 사이에는 결정적인 차이가 존재한다. 〈상황 1〉은 현재의 상태에서 돈이 늘어나는 변화, 즉 이득의 관점에서 문제가 기술되어 있고, 〈상

황 2〉는 현재의 상태에서 돈이 줄어드는 변화, 즉 손실의 관점에서 기술되어 있다.

카너먼 교수와 트버스키 교수의 연구에 따르면, 사람들은 이득 상황으로 문제가 프레임되면 모험을 감행하기보다는 안전하고 보수적인 대안을 선택한다.[1] 그러나 동일한 문제가 손실 상황으로 프레임되면 안전한 선택보다는 모험을 감행하는 경향을 보인다. 따라서 위의 문제에서 A를 선택하는 비율은 〈상황 2〉에서보다는 〈상황 1〉에서 압도적으로 높게 나타난다. 이런 효과를 두 연구자는 '프레이밍 효과(Framing effect)'라고 불렀다. 프레임의 중요성을 학계에 인식시킨 역사적인 연구라 할 만하다.

이 연구는 우리가 내리는 모험적 선택 혹은 안전 위주의 선택이 객관적으로 최선이어서가 아니라 프레임 때문에 내려진 선택일 수 있음을 보여준다. 따라서 주어진 대안들 중에 무엇을 선택할 것인지를 고민하기 전에 그 문제가 이득으로 프레임되어 있는지, 손실로 프레임되어 있는지부터 확인하는 지혜가 필요하다.

손실 프레임과 이득 프레임

어떤 가게에서 현금으로 물건을 살 경우에는 1만 원을 받고, 신용카드로 살 경우에는 1만 1,000원을 받는다고 하자. 당신이 이 가게의 주인이라면 손님들에게 1,000원의 차이를 어떻게 알릴 것인가?
다음 두 가지 방법 중 하나를 선택해보라.

1) 현금으로 구입하시면 1,000원 할인 혜택을 드립니다.
2) 신용카드로 구입하시면 1,000원의 추가 요금이 부가됩니다.

1)번과 2)번 두 상황은 동일하다. 그러나 1)번에서는 현금으로
구입할 경우 할인을 해준다는 '이득'의 프레임을 제시하고 있고, 2)
번에서는 신용카드로 구입할 경우 추가 요금이 부가된다는 '손실'
의 프레임을 제시하고 있다. 우리는 이 두 경우가 같은 상황이기 때문에 동일한 선택을 할 것이라고 예상할 수
있지만, 대부분의 사람들은 1)번의 경우보다 2)번의 경우에 현금
구입을 더 많이 선택한다.

그 이유는 동일한 양의 이득으로 오는 만족보다는, 동일한 양의
손실이 주는 심리적 충격이 더 크기 때문이다. 카너먼 교수의 연구
에 따르면 손실은 이득보다 2.5배 정도 더 큰 영향력을 갖는다고 한
다. 이를 심리학에서는 '손실 혐오(loss aversion)'라고 한다. 현금 구
입으로 인한 1,000원의 이득이 주는 기쁨보다 신용카드 이용으로
인한 1,000원의 손실이 더 크게 다가오기 때문에 사람들은 후자의
상황을 더 피하려 하는 것이다.

우리나라에서도 인기가 많았던 미국 TV 드라마 〈섹스 앤 더 시
티(*Sex and The City*)〉의 주인공인 캐리는 드라마에서 엄청난 구두광

으로 나온다. 특히 마놀로 블라닉이라는 브랜드 구두에 열광하는데, 하루는 친구 집에 갔다가 산 지 얼마 되지 않은 485달러짜리 구두를 잃어버리게 된다. 나중에 집주인인 친구가 구두 값을 보상하겠다고 나서지만, 구두 가격이 485달러라는 소리를 듣고는 낭비를 일삼는 캐리를 오히려 나무라며 보상을 거부한다. 캐리는 특유의 재치를 발휘하여 자신이 결혼을 하게 되었다고 속이고 결혼 선물 등록 안내장을 그 친구에게 보낸다(미국에서는 축의금 대신 특정 매장에 신랑 신부가 원하는 물건을 등록하면 하객들이 그중 하나를 골라 선물하는 것이 관례임). 물론 캐리는 마놀로 구두 매장에 선물을 등록했고, 그것도 자신이 잃어버린 그 신발만 등록해놓았다. 그 친구는 어쩔 수 없이 그 구두를 사줄 수밖에 없었다.

구두에 대한 집착이 캐리만큼은 아니어도 우리 또한 만만치 않다. 매장에서는 잘 맞던 구두가 다음 날부터 신기만 하면 발뒤꿈치가 아플 때, 다음과 같이 미련하게 행동한다.

1) 비싼 구두일수록 아픈 것을 잘 참고, 무리해서라도 그 구두를 신고 나가려고 한다.
2) 잘 맞지 않아 더 이상 그 신발을 신지 않기로 결정하고 나서도, 비싼 구두일수록 쉽게 버리지 못한다.

구두에 관한 시카고 대학교 리처드 테일러(Richard Thaler) 교수의 이 재치 있는 지적은 손실 혹은 낭비에 대한 인간의 혐오가 얼마나 강한지를 잘 보여준다.[2] 한 가지 재미있는 예를 더 들어보자.

어떤 대학생이 유로 2016 축구 경기가 한창 열기를 더해가고 있을 때, 게임을 보면서 식사 대용으로 먹을 수 있는 전자레인지용 스파게티를 슈퍼마켓에서 하나 샀다. 마침 50% 할인 행사를 하고 있어서 절반 가격인 3,000원에 구입할 수 있었다.

그런데 친구와 함께 경기를 보는 것이 더 재밌을 것 같아 단짝 친구에게 전화를 했더니, 흔쾌히 그러자고 한다. 친구가 먹을 스파게티를 사러 슈퍼마켓으로 갔더니 세일이 끝나고 말았다. 할 수 없이 6,000원의 제값을 주고 스파게티를 하나 더 샀다.

집으로 돌아와 경기 시간에 맞춰 스파게티 2개를 전자레인지에 데우기 시작했다. 그런데 친구가 갑자기 일이 생겨 못 온다고 전화를 걸어 왔다. 배가 고픈 상태가 아니었기 때문에 스파게티 2인분을 혼자 다 먹을 수는 없을 것 같다.

만약 당신이라면 이 상황에서 어느 쪽 스파게티를 먹겠는가? 같은 스파게티니 아무거나 먹겠는가? 반값에 산 걸 먹겠는가? 아니면 제값을 다 주고 산 걸 먹겠는가? 가장 합리적인 답은 '둘 중 아무거나 먹어도 상관없다'이다. 그러나 많은 사람들이 이왕이면 제값을 주고 산 스파게티를 먹겠다고 답한다. 왜냐하면 제값을 다 주고 산 스파게티를 먹어야 덜 아깝다고 생각되기 때문이다.

냉정하게 생각해보면 스파게티 값은 이미 지불한 상태, 즉 경제학 용어를 빌리자면 '매몰 비용(sunk cost)'이다. 6,000원에 산 스파게티를 먹는다고 해서 그중 일부의 돈이 돌아온다든지, 3,000원에 산 스파게티를 먹으면 손해를 본다든지 하는 일은 결코 일어나지 않는다. 그런데도 많은 사람들은 아깝다는 이유만으로 제값에 산 걸 먹어야만 된다고 생각한다. 손실에 대한 원초적 거부다.

아깝다는 이유만으로 어떤 일을 계속하거나 투자를 계속하는 것은 손실에 대한 원초적인 두려움이 유발하는 전형적인 비합리성이다. 아깝다는 이유만으로 남은 음식을 억지로 먹어본 적이 있다면, 식후에 밀려오는 자괴감과 늘어나는 뱃살 때문에 후회한 적이 있을 것이다. 이는 손실에 대한 지나친 두려움이 가져다주는 폐해다.

현상 유지에 대한 집착

어느 날 당신 앞에 다음과 같은 행운의 상황이 찾아왔다고 상상해 보자.

〈상황 1〉

당신은 재테크에 관심이 많지만 그동안 목돈이 없어서 별다른 투자를 하지 못하고 있었다. 그런데 뜻밖에도 큰아버지로부터 상당한 액수의 '현금'을 유산으로 물려받게 되었고, 이제 아래 옵션들 중 어디에 얼마씩 투자해야 할지 고민 중이다.

1) A 회사의 주식
- 향후 1년 동안 가격이 30% 상승할 확률 50%
- 가격이 20% 하락할 확률 30%
- 가격 변동이 없을 확률 20%

2) B 회사의 주식
- 향후 1년 동안 가격이 100% 상승할 확률 40%
- 가격이 40% 하락할 확률 30%
- 가격 변동이 없을 확률 30%

3) 국채 : 1년간 거의 확실하게 9% 이득 보장

4) 지방채 : 1년간 약 6% 이득 보장(세금 면제)

당신이라면 이 네 가지 옵션에 각각 얼마씩 투자하겠는가? 이번에는 당신이 처한 상황이 다음과 같다고 가정해보자.

〈상황 2〉

당신은 평소 재테크에 관심이 많지만 그동안 목돈이 없어서 별다른 투자는 해보지 못하고 있다. 그런데 뜻밖에도 큰아버지로부터 유산을 물려받았는데 유산이 전부 'A 회사의 주식'이었다. 이제 그 주식을 그대로 보유할 것인지, 아니면 새로 포트폴리오를 구성할 것인지를 고민 중인데 아래 네 가지 옵션을 고려하고 있다.

1) A 회사의 주식

- 향후 1년 동안 가격이 30% 상승할 확률 50%

- 가격이 20% 하락할 확률 30%

- 가격 변동이 없을 확률 20%

2) B 회사의 주식

- 향후 1년 동안 가격이 100% 상승할 확률이 40%

- 가격이 40% 하락할 확률 30%

- 가격 변동이 없을 확률 30%

3) 국채 : 1년간 거의 확실하게 9% 이득 보장

4) 지방채 : 1년간 약 6% 이득 보장(세금 면제)

위의 상황은 경제학자 윌리엄 새뮤얼슨(William Samuelson)과 리처드 제크하우저(Richard Zeckhauser)가 연구 참여자들에게 실제로 제공한 것들이다.[3] 두 상황에 주어진 선택 대안들은 완벽하게 동일하다. 차이가 있다면 첫 번째 상황에서는 유산이 전부 현금으로 주어져 있지만, 두 번째 상황에서는 유산이 전부 A 회사의 주식으로 주어졌다는 점이다. 다시 말해 A 회사 주식이 첫 번째 상황에서는 새로운 중립적인 대안으로 프레임되어 있고, 두 번째 상황에서는 '현재 상태'로 프레임된 것이다. 이 연구의 주된 관심은 'A 회사의 주식'에 대한 선택이었다.

만일 현금을 유산으로 받은 경우에 A 회사의 주식을 사기로 결정했다면, 이미 A 회사의 주식을 유산으로 받은 경우에는 그것을 그대로 유지하는 것으로 결정해야 한다. 같은 원리로 현금을 유산으로 받은 경우에 A 회사의 주식을 사지 않기로 결정한다면, A 회사의 주식을 유산으로 받은 경우에는 A 회사의 주식을 팔아서 다른 옵션을 선택해야 한다.

그러나 새뮤얼슨과 제크하우저는 A 회사의 주식이 '현재 상태'로 주어진 경우에 그 옵션을 유지하는 경향성이, 그 옵션이 '중립적인 대안'으로 제시되었을 경우 그 옵션을 새롭게 선택하는 경향보나 훨씬 더 상하다는 것을 밝혀냈다. 이런 현상은 현재 상태로 주어진 옵션이 A 회사의 주식일 때만 해당되는 것이 아니었다. 네 가지 옵션 중 어느 것이 현재 상태로 주어진다 해도 사람들은 그 상태를 유지하려는 경향을 강하게 보였다.

이 연구 결과는 어떤 대안이든지 그것이 '현재 상태'로 주어져 있으면 사람들은 그것을 바꾸기보다는 그대로 유지하려고 한다는 점을 보여준다. 그것이 처음 접하는 대안으로 제시될 경우에는 선택하지 않을 가능성이 높은데도 말이다. 따라서 우리가 무언가를 계속 유지하려 할 때 그 결정은 객관적으로 최선의 것이어서가 아니라 단순히 '현재 상태'였기 때문일 수 있음을 의미한다.

최근에 들었던 다음 에피소드는 프레임의 이런 효과가 얼마나 강력한 것이고, 또 현실에서 얼마나 직접적으로 작동하고 있는지를 잘 보여준다.

한 회사원이 1년간 외국으로 파견근무를 나가면서 심각한 고민에 빠졌다. 현재 살고 있는 강북 지역 아파트(5억 원 시세)를 팔아 강남에 조금 더 비싼 아파트를 전세를 끼고 사둘지, 아니면 현재 아파트를 전세로 줄지 고민에 빠진 것. 그래서 동료들에게 자문을 구했더니 한결같이 강남 아파트를 전세를 안고 매입하라고 조언했다. 전혀 고민할 필요도 없는 문제라고 면박까지 주면서 말이다. 그러나 이 회사원은 고민 끝에 현재 자신의 아파트를 전세 주고 외국으로 떠났다.

이 사람이 소심하고 겁이 많아서 이런 선택을 한 것이었을까? 아니다. 이 회사원에게는 강북의 아파트가 '현재 상태'로 다가왔기 때문이고, 동료들에게는 중립적인 대안이었기 때문이다. 만일 이 회사원이 자신의 상황을 '현재 5억 원의 현금을 가진 사람이 외국으로 1년간 파견근무를 나가는 상황'으로 리프레임했다면 그는 아마 전혀 다른 결정을 내렸을 것이다.

우리가 긴장해야 하는 이유가 바로 여기에 있다. 살아가면서 주기적으로 내려야 하는 무수한 선택들, 어떤 신문을 구독할 것인지, 어떤 우유를 먹어야 할 것인지, 어떤 휴대폰을 구입하고, 어떤 자동차를 선택하고, 어떤 보험을 들어야 할 것인지…. 반복되는 이런 결정을 내릴 때마다 대부분 현재 사용하고 있는 제품과 서비스를 '중립적인 대안'으로 리프레임하고 있지 않다. 그렇기 때문에 계속해서 같은 제품과 서비스를 유지하는 쪽으로 선택하고 만다.

지혜로운 선택을 하기 위해서는 현재 상태로 주어져 있는 대안을 '중립적인 대안'으로 리프레임해볼 필요가 있다. 현재 사용하고 있는 물건이나 서비스, 심지어 기존의 직업까지도 처음 접하는 중립적인 대안으로 리프레임해서 본다면 아마도 많은 선택들이 달라질 것이다.

소유 효과

미그브 베릴리 교수 고넬 대악개 새시 낭시, 코넬 대학교의 로고가 새겨진 기념 머그잔을 경제학 시간에 일부 학생들에게 나눠주었다. 전체 학생들 중에 무작위로 뽑아서 컵을 나눠주었기 때문에, 컵을 받은 학생들이 특별히 욕심이 많다거나 머그잔을 특별히 아끼는 학생이라고 할 만한 근거는 전혀 없었다.

그런 후에 테일러 교수는 일종의 경매시장을 열고, 컵을 받은 학생들에게 최소한 어느 정도 가격이면 그 머그잔을 다른 학생에게 팔 용의가 있는지를 적게 했다. 반대로 컵을 받지 못한 학생들에게는 어느 정도 가격이면 그 컵을 살 용의가 있는지를 적게 했다.[4]

이 실험에서 테일러 교수가 얻은 결과는 매우 흥미로운 것이었다. 컵을 소유하고 있던 학생들이 적어낸 판매가의 평균치는 5.25달러였지만, 컵을 사려는 학생들이 적어낸 구입가의 평균치는 2.75달러에 불과했다. 똑같은 컵이었는데 왜 팔려는 학생은 사려는 학생들보다 더 높은 가격을 적어냈을까? 돈을 주고 구입한 컵이 아니므로 본전을 찾으려는 심리 때문이라고 설명하기는 어렵다.

이런 차이가 나는 이유는 바로 프레임 때문이었다. 컵을 소유했던 학생들은 컵을 파는 상황을 손실 상황으로 프레임했고, 컵을 사고자 했던 학생들은 컵을 새로 얻는 이득 상황으로 프레임했던 것이다. 판매자 학생들에게 그 컵은 '내 컵'이었지만 구매자 학생들에게 그 컵은 그냥 '컵'일 뿐이었다. 위에서 이미 소개했듯이 손실의 고통은 이득의 기쁨보다 강하기 때문에 컵을 소유하고 있던 사람들은 그 상실감을 보상받기 위해 구매자보다 높은 가격을 요구했던 것이다. 판매하려는 가격과 구매하려는 가격의 차이를 '소유 효과(endowment effect)'라고 한다.

일단 무엇이든 내 소유가 되고 나면 그것의 심리적 가치는 상승하게 된다. 그래서 쓰지 않고 방치하던 물건도 남이 달라면 주기가 아까워진다. 중고 물건을 놓고 소유자와 구매자 사이에 가격 갈등이 생기는 것은 지극히 당연하다. '내 것'의 프레임으로 보는 사람과 아직은 내 것이 아닌 중립적인 프레임으로 보는 사람이 느끼는 물건의 심리적 가치가 전혀 다르기 때문이다.

따라서 중고 판매자를 탐욕스럽다거나 이기적이라고 비난하기 전에, 일단 그 물건을 구입하고 나면 우리도 그들처럼 될 것이라는 사실을 기억할 필요가 있다. 또한 중고 물건을 사려는 구매자가 턱없이 낮은 가격을 부를 때도 마찬가지다. 그 사람의 탐욕과 안목을 탓하기 전에, 누구나 그 물건을 소유하기 전에는 그 구매자와 같은 프레임을 가졌다는 것을 기억하는 지혜가 필요하다.

혐오 시설의 건립을 놓고 해당 지역 주민들과 정부 또는 기업 사이에 보상액을 둘러싸고 갈등이 벌어지는 이유 중 하나도 이런 프레임의 차이 때문이다. 해당 주민들에게 '토지'는 그냥 토지가 아니라 '내 토지'다. 환경오염으로 인한 건강의 위협도 일반적인 위협이 아니라, 직접적인 '내 건강'의 위협이고 '내 생태계'의 위협이다. 그러나 다른 지역 주민들이나 정책 입안자들의 눈에는 그냥 '토지'이고 그냥 '생태계'이며 그냥 '건강'인 것이다. 따라서 해당 주민들의 보상 요구를 단순한 지역 이기주의로 몰아세워 비난만 하는 것은 프레임의 차이가 만들어내는 심리적 차이를 이해하지 못한 섣부른 행동일 수 있음을 기억하라.

후불제의 위력

가정불화를 극복하지 못한 부부가 이혼을 결정했는데, 하나뿐인 아들의 양육권을 놓고 서로 팽팽하게 맞서는 상황이다. 두 사람 중 누구도 양육권을 양보할 의사가 없고, 더욱이 서로에 대한 감정의 골이 너무 깊어 어떤 대화도 할 수 없을 정도로 관계가 악화된 상태다. 어쩔 수 없이 양육권 결정을 법원에 맡겼다.

만일 당신이 이 사건의 배심원 자격으로 아래 주어진 정보에 근거하여 〈부모 1〉과 〈부모 2〉 중 한 사람에게 양육권을 주어야 한다면 누구에게 주겠는가? 아빠와 엄마로 구분하고 정보를 제공하면 그 자체가 객관적인 판단에 영향을 줄 수 있으므로 여기서는 〈부모 1〉과 〈부모 2〉로 구분하기로 하자.

〈부모 1〉	〈부모 2〉
보통 수준의 수입	평균 이상의 고수입
건강 상태 보통임	사소한 건강상 문제가 있음
업무량 보통임	업무상 출장이 잦음
아이와의 사이 보통 수준임	아이와의 사이가 친밀함
사회생활 보통 수준임	사회생활 아주 활발함

프린스턴 대학교의 엘다 샤피어(Eldar Shafir) 교수 연구팀의 연구 결과에 따르면, 약 64%가 〈부모 2〉에게 양육권을 맡겨야 한다고 결정했다.[5]

그런데 판사가 배심원단에게 요청한 질문이 '어느 부모에게 양육권을 주어야 하는가?'가 아니라 '어느 부모에게 양육권을 주면 안 되는가?'였다고 해보자. 질문의 방향, 즉 프레임이 중요하지 않다면 동일한 답변이 나와야 할 것이다. 다시 말해 64%의 사람들이 〈부모 2〉에게 양육권을 주어야 한다고 결정했기 때문에, 36%의 사람들만이 〈부모 2〉에게 양육권을 주어서는 안 된다고 해야 할 것이다. 그렇지 않은가? 그러나 실제 결과에서는 무려 55%의 사람들이 〈부모 2〉에게 양육권을 주어서는 안 된다고 결정했다. 절반이 넘는 사람들이 〈부모 2〉에게 양육권을 주어야 한다고 답했고, 동시에 절반이 넘는 사람들이 〈부모 2〉에게 양육권을 주어서는 안 된다고 답한 것이다.

어떻게 이런 모순된 결과가 나왔을까? 배심원의 입장으로 돌아가 보자. '어느 부모에게 양육을 맡겨서는 안 되는가?'라는 질문을 받게 되면 장점보다 '단점'을 찾는 프레임이 활성화된다. 그러니 〈부모 2〉가 눈에 띈다. 출장도 잦고 사회생활도 활발하기 때문에, 자녀와 깊이 지내고 시간이 부족할 수밖에 없어 보인다.

그러나 '어느 부모에게 양육권을 주어야 하는가?'라는 질문을 받게 되면 단점 대신 '장점'을 찾는 프레임이 활성화된다. 당연히 〈부모 2〉가 눈에 띈다. 수입이 많고, 아이와의 사이도 매우 친밀하다는 장점을 지니고 있으므로 〈부모 2〉가 양육권을 갖는 것이 더 나아 보인다. 아이러니하게도 같은 사람임에도 불구하고 프레임에 따라 양육에 적합하게 보이기도 하고, 부적합하게 보이기도 하는 것이다. 마치 조지 부시 미국 대통령이 AP 설문 조사에서 2006년 가장 뛰어난 영웅인 동시에 최고의 악인(이 조사에서 부시는 오사마 빈 라덴을 제치고 악인 중에 악인으로 뽑힘)으로 뽑힌 것과 같은 이치다.

이런 교묘한 프레임 효과가 후불제 마케팅에도 작용하고 있다. 선불제로 물건을 살 경우에 소비자들은 잘못 선택했을 때 생길 부담 때문에 대개 장점을 찾는 프레임으로 접근한다. '그 물건을 살 만한 장점이 있는지' '그 물건을 지금 꼭 사야 하는지'라는 질문을 던지며 가급적 꼼꼼하게 따져보고 신중하게 쇼핑을 한다. 그러나 후불제로 주문한 경우는 '이 물건이 반환할 정도로 결정적인 하자가 있는가?'의 프레임, 즉 단점을 찾는 프레임으로 자연스럽게 바뀌게 된다.

따라서 심각한 하자가 발견되지 않는 한 반환을 요구하는 행동은 하지 않게 된다. 처음 후불제로 물건을 주문할 때는, 나중에 마음에 들지 않으면 반환하면 된다고 쉽게 생각한다. 그러나 일단 주문한 물건이 손에 들어오면 고객의 프레임은 '꼭 구입할 만한 가치가 있느냐?'에서 '굳이 돌려보낼 만한 결정적인 하자가 있느냐?'의 프레임으로 돌변한다. 따라서 웬만해서는 반환하지 않게 된다.

이러한 후불제의 유혹에서 자신을 지키는 가장 지혜로운 방법은 물건을 받은 이후에도 변함없이 '이 물건을 꼭 사야 할 만한 뚜렷한 장점이 있는가?'의 프레임을 계속 유지하는 것이다. '굳이 반환할 만큼 명백한 흠이 있는가?'의 프레임으로 쉽게 이동하는 것은 금물이다.

세일 기간에 가격이 싸다는 이유로 물건을 사면서 '마음에 안 들면 나중에 반환하면 되지'라는 생각으로 물건을 샀지만, 결국 반환하지 않았던 경험을 갖고 있는 사람들은 공감할 것이다. 이런 실수를 더 이상 하지 않으려면 어떤 상황이든 최선의 선택을 하려는 소비 프레임을 견지할 필요가 있다.

선택과 결정을 내려야 하는 순간 반드시 던져봐야 할 질문은 "내가 내린 선택이나 결정이 절대적으로 최선의 것인가, 아니면 프레임 때문에 나도 모르게 선택되어진 것인가?"이다. 어떤 프레임으로 제시되더라도 똑같은 결정을 내릴 수 있는 능력이 경제적 지혜의 핵심이다.

자신의 선택이 지나치게 보수적이고 현상 유지적일 때, 소심한 '성격'을 탓하기보다는 그 선택이 어떻게 프레임되어 있는지부터 살펴보는 지혜가 필요하다. '일단 사놓고 나중에 마음에 안 들면 반환하지'라는 생각으로 충동구매를 반복하는 사람도 자신의 '게픈' 성격을 탓하기보다는 "손님, 일단 사 가셨다가 맘에 안 들면 언제든 가져오세요!"라고 속삭이는 판매자의 친절함 속에 숨겨져 있는 교묘한 프레임을 발견해내는 지혜가 필요하다. 우리의 경제적 선택은 총성 없는 프레임 전쟁의 연속이기 때문이다.

Chapter 10

–

지혜로운 사람의
11가지 프레임

삶의 상황들은 일방적으로 주어지지만,
그 상황에 대한 프레임은 철저하게 우리 자신이 선택해야 할 몫이다.
더 나아가 최선의 프레임을 선택하고 결정하는 것은
우리에게 주어진 인격성의 최후 보루이자 도덕적 의무다.

목사이자 신학자인 찰스 스윈돌(Charles Swindol)은 삶에 있어서 객관적 사실은 인생을 통틀어 겨우 10%에 불과하고, 나머지 90%는 그 일들에 대한 우리의 반응이라고 주장했다. 또한 아우슈비츠 수용소에서 죽음의 문턱까지 갔던 정신과 의사 빅터 프랭클(Victor Frankl)은 이렇게 말했다[1]

"한 인간에게서 모든 것을 빼앗아 갈 수는 있지만, 한 가지 자유는 빼앗아 갈 수 없다. 어떤 상황에 놓이더라도 삶에 대한 태도만큼은 자신이 선택할 수 있는 자유다."

프랭클의 말처럼 삶의 상황들은 일방적으로 주어지지만, 그 상황에 대한 프레임은 철저하게 우리 자신이 선택해야 할 몫이다. 더 나아가 최선의 프레임을 선택하고 결정하는 것은 우리에게 주어진 인격성의 최후 보루이자 도덕적 의무다.

이제 이 책을 마치면서 우리가 진정 더 지혜롭고 자유로운 사람이 되는 데 도움이 되는 11가지 방법을 소개하고자 한다.

1. 의미 중심의 프레임을 가져라

어떤 일을 의미 중심의 상위 수준으로 프레임하는지, 절차 중심의 하위 수준으로 프레임하는지는 그 일을 하는 타이밍에 의해 결정된다.[2]

예를 들어, 지금으로부터 6개월 후에 어린 조카를 하루 동안 돌봐주는 일을 상상해보자. '사랑하는 조카와의 소중한 하루' '가족 간의 사랑' '천진난만한 영혼과의 교감' 등 온갖 좋은 의미들을 떠올리면서 기꺼이 그 일을 감당할 수 있을 것으로 자신한다. 그러나 지금 당장 그 일을 한다고 상상해보라. '기저귀 갈아주는 일' '이유식 먹이는 일' '우는 아이를 어떻게 달래줘야 하는지?' 등의 구체적인 상황들을 떠올리면서 난감해할 것이다.

결혼식을 앞둔 커플들도 결혼식 몇 개월 전에는 '영혼의 결합'이니 '인생의 동반자'니 하며 추상적인 의미로 결혼을 바라보며 가슴 벅차 한다. 그러나 결혼식이 당장 코앞에 다가오면 '혼수 문제' '야외촬영' '공항까지 운전은 누가 하나?'와 같은 구체적이고도 사소한 상황들을 염두에 두게 된다. 그 과정에서 결혼의 깊은 의미보다는 현실적인 절차에 압도당하고 만다.

새해 결심이 작심삼일로 끝나는 것도 같은 이유에서다. 결심을 하는 순간에는 상위 수준으로 생각하다가, 막상 실천을 시작하고 보면 어느새 하위 수준으로 세상을 바라보기 때문이다. 이것이 평균적인 사람들의 특징이다. 그런데 왜 평균만 되려고 하는가?

정말로 지혜로운 사람이 되기 위해서는 가까운 미래나 현재의 일도 늘 상위 수준으로 프레임해야 한다. 일상적인 행위 하나하나를 마치 그것을 먼 미래에 하게 될 일이라고 생각하면서 의미 중심으로 프레임하는 습관을 길러야 한다.

어떤 사람의 가치를 판단하기 위해 "당신은 앞으로 10년 후에 어떤 삶을 살고 싶은가?"라고 묻는 것은 지혜로운 물음이 아니다. 왜냐하면 10년 후와 같은 먼 미래의 일에 대해서는 누구나 의미 중심의 이상적인 생활을 상상하기 때문이다. 따라서 많은 사람들이 이렇게 말하곤 한다. "10년 후쯤엔 가족들과 해외여행을 다니고, 주말에는 문화생활을 즐기면서 때론 나보다 못한 이웃에 봉사하는 삶을 살고 있겠죠"라고 답한다.

그러나 자녀의 배우자감이 어떤 사람인지, 혹은 신입사원이 어떤 사람인지 알고 싶다면 "당장 내일 어떻게 살 것인가?"를 물어야 한다. 막연한 먼 미래가 아닌 내일 당장의 삶을 의미 중심으로 바라보고 있는 사람, 그런 사람이 바로 부모가 원하는 자녀의 배우자감이고, 회사의 인재인 것이다.

2. 접근 프레임을 견지하라

사람들에게 오래된 과거를 회상하게 하면 대부분 그 시절에 하지 않았던 것들에 대한 회한을 떠올린다. 학창 시절에 공부를 열심히 하지 않은 점, 교양서적을 많이 읽지 않은 점, 운동을 열심히 하지 않은 점, 더 많은 사람들과 친분을 쌓지 못한 점 등 온통 과거에 제대로 해보지 못했던 일들에 대한 후회 일색이다. 그 이유는 단기적인 관점에서는 하지 않은 일에 대한 후회보다 이미 저지른 일에 대한 후회를 더 많이 하지만, 장기적인 관점으로 들어가면 저지른 일에 대한 후회보다는 하지 못했던 일에 대한 후회가 더 크게 다가오기 때문이다.

행복과 성공은 '접근 프레임'을 가진 사람의 몫이다. 고(故) 정주영 회장이 직원들에게 입버릇처럼 했다는 "해보기나 했어?"라는 말은 접근 프레임의 정신을 잘 보여준다.

하고 싶었지만 주저했던 일이 있다면 이제라도 과감하게 실행해야 한다. 가정형편 때문에 가족 여행을 미루고 있다면 지금 당장 돈이 적게 드는 가까운 곳이라도 떠나는 것이 좋다. 마음을 고백할 대상이 있다면 할까 말까 망설이지 말라. 설령 거절을 당하더라도, 그래서 얼마 동안 괜히 고백했다는 후회와 마음의 상처로 괴로워할지라도 일단 사랑한다고 고백하라. 고백도 못하고 시간을 흘려보내고 나면, 그때 고백하지 않았던 것을 더 뼈저리게 후회하게 될 것이기 때문이다.

자기 방어에 집착하지 말고 자기 밖의 세상을 향해 접근하라. 다른 사람들에게 다가갈 때, 새로운 일을 접했을 때 늘 접근의 프레임을 견지하라. 그것이 두려울 땐 기억하라. 접근함으로 인한 후회는 시간이 지나면 사라지지만 안주함으로 인한 후회는 시간이 지날수록 더 커진다는 것을!

J. '시음하기 프레임'을 가져라

사람들은 현재를 '준비기'라고 프레임하는 경향이 있다. 현재는 더 나은 미래를 위해 준비하고 일방적으로 희생해야 하는 시간이라고 생각한다. 즐기고 만끽해야 할 대상이 아니라 참고 견뎌야 하는 대상이라고 믿는다. 그래서 부모는 중간시험을 잘 보고 집에 온 초등학생 자녀에게 맘껏 칭찬을 해주기보다는 "기말시험이 더 중요하다"며 미래에 대한 부담을 준다. 자녀가 기말시험을 잘 보고 오면 이번에는 "중학교 때 잘하는 게 진짜 실력이야"라고 말한다. 아이는 물론 부모 스스로도 지금 당장 마땅히 누려야 할 기쁨과 즐거움을 포기한다. 그런 과정을 거치고 수능시험을 잘 치르고 나면 이번에는 또다시 "대학에 가서 잘하는 게 진짜"라며 한술 더 뜬다. 대학은 직장생활을 위해 희생되고, 직장생활은 노후 대책을 마련하느라 희생된다. 노후는 다시 자녀를 위해, 손자손녀를 위해 희생된다. 인생의 전 과정이 이런 식으로 진행된다.

행복으로 가는 길은 지금 순간을 충분히 즐기고 감사하는 것으로부터 비롯된다. 심리학 연구에 따르면 행복한 사람들은 자신의 생일이나 가족, 친구들의 생일을 챙기고, 적극적으로 축하하고 누리는 사람들이라고 한다.

영어의 'savoring'이라는 말은 '현재 순간을 포착해서 마음껏 즐기는 행위'를 의미한다. 우리에게 필요한 프레임은 준비기로서 희생하는 현재가 아니라 'savoring' 대상으로서의 현재다.[3]

'한 끼 대충 때우자'는 식으로 지금 이 순간의 소중한 한 끼 식사를 아무렇게나 홀대하지 말고, 그 음식 속에 들어간 재료의 맛을 하나하나 음미해보라. 축하할 일이나 축하해줄 일이 있으면, 주변 사람들에게 알려서 마음껏 축하받고 축하를 해줘라. '지금 여기'의 프레임으로 현재의 순간을 충분히 즐겨라.

4. 비교 프레임을 버려라

진정한 마음의 자유는 자신을 다른 사람과 비교하지 않는 데 있다. 저자가 속한 연구팀에서 수행한 연구에 따르면, 타인과의 비교는 설령 그 대상이 자기보다 못한 사람이라도 너무 자주 하게 되면 정신 건강에 좋지 않은 것으로 나타났다.[4]

우리 연구팀은 3주에 걸쳐 매일 학생들에게 그날 하루 자신을 남들과 비교했는지, 비교를 했다면 얼마나 자주, 어떤 영역에서 비교했는지 체크하게 했다. 또한 매일 그날의 행복 정도를 평가하게 했다. 그 결과, 남들과 비교를 많이 한 학생일수록 그날의 기분과 행복감이 저하되는 것으로 나타났다. 자기보다 잘난 사람과의 비교는 물론이고, 객관적으로 자기보다 못한 사람과의 비교도 횟수가 잦을수록 행복감을 떨어뜨린 것이다.

사람들이 만족을 느끼는 것은 세상의 상태는 비교 프레임이 작용되지 않을 때다. 즐거운 식사 자리, 가족들과 보내는 휴가, 친구와의 유쾌한 수다, 책 읽는 기쁨, 좋아하는 취미생활… 이런 것들은 그 자체만으로도 만족감을 준다. 이런 일들은 많으면 많을수록 좋다. 그러나 여기에 비교의 프레임이 침투하기 시작하면 진정한 만족이 사라진다. '남들은 외식도 자주 하던데' '대학생이라면 어려운 고전부터 읽어야 한다는데' '저 집은 동남아로 가족 여행 가는데'. 이런 비교 프레임에서는 '남들보다 많아야만' '남들보다 나아야만' 좋은 것이 된다. 남들과의 비교는 정호승 시인의 말처럼 자신의 삶을 "고단한 전시적 인생"으로 바꿔버린다.

비교 프레임은 배움의 기쁨과 도전정신도 앗아간다. 우리로 하여금 잘하는 것에만 안주하도록 만든다. 전력을 다해 새로운 것을 배우기보다는 다른 사람들의 눈에 잘하는 것처럼 보이도록 하는

게 더 중요하기 때문이다. 서툴더라도 어떤 일을 시도하기보다 (남들보다) 잘하는 것만 하겠다고 안주하는 마음은 결국 우리의 성장과 발전을 저해한다.

그렇다면 생산적이고 지혜로운 비교는 없을까? 우리 연구팀의 연구 결과에 따르면, 남들과의 횡적인 비교보다는 과거 자신과의 비교 혹은 미래의 자신과의 종적인 비교가 하나의 대안이 된다.

과거의 자신보다 현재의 자신이 얼마나 나아지고 있는지, 자신이 꿈꾸고 있는 미래의 모습에 얼마나 근접해 있는지를 확인하는 시간상의 비교가, 남들과 비교하는 것보다 훨씬 더 생산적이라는 결론이다.

세상을 바라보는 창이 '남들과의 비교'가 되어서는 안 된다. 다른 사람들보다 더 잘하는 것, 다른 사람들보다 물질적으로 더 잘 사는 것이 주는 일시적인 만족보다는, '최선의 나'를 추구하는 것이 진정한 행복의 길임을 기억해야 한다.

5. 긍정의 언어로 말하라

한 사람의 언어는 그 사람의 프레임을 결정한다. 따라서 프레임을 바꾸기 위해서 꼭 필요한 일은 언어를 바꿔나가는 것이다. 특히 긍정적인 언어로 말하는 것이 반드시 필요하다.

1932년 180명의 젊은 여성들이 미국에서 수녀로 첫발을 내디뎠다. 그 감격적인 순간에 그들에게 자신의 삶을 소개하는 간증문을 쓰도록 했다. 180명의 수녀들이 쓴 간증문은 70여 년이 지난 후에 학자들의 손에 넘겨졌고, 연구자들은 간증문에 쓰인 단어와 문장을 분석하여 각 간증문에 얼마나 긍정적인 정서가 표현되어 있는지를 측정했다. 어떤 수녀들은 '매우 행복한' 또는 '정말 기쁜'과 같은 단어들을 자주 사용했지만, 또 다른 수녀들은 자신이 얼마나 행복하고 기쁜지를 말로 잘 표현하지 않았다. 그런데 놀라운 사실은 긍정적인 단어를 많이 사용한 상위 25%의 수녀들 가운데 90%가 넘는 수녀들이 85세까지 생존하고 있었지만, 긍정적인 단어를 적게 사용한 하위 25%의 수녀들 중에서는 겨우 34%만이 생존해 있었다는 점이다.[5]

　매일 사용하는 단어 속에 우리가 얼마나 오래 살 수 있는지에 대한 정보까지 담겨 있다. 그러니 감사, 감동, 기쁨, 설렘, 만족… 이런 단어들이 우리 삶 속에, 나아가 우리 아이들의 말 속에서 넘쳐나도록 만들 필요가 있다. 반대로 "다 먹고살자고 하는 거 아니겠어?" 또는 "좋은 게 좋은 거 아니겠어?"라는 표현이나 '대충, 아무거나' 등의 단어들은 하루라도 빨리 사전에서 지워버려야 한다. 이런 말들은 우리의 마음가짐을 '최고(Best)'의 프레임에서 순식간에 '충분한(Good enough)'의 프레임으로 바꿔버린다.

　누군가 이런 체념적 말을 던졌을 때, 우리 마음속에서 얼마나 순식간에 탁월함에 대한 추구가 사라지는지 경험해본 사람이라면 이런 표현들이 갖고 있는 무서운 전염성의 위력에 공감할 것이다. 특히 부모와 교사, 상사들은 자녀와 학생들, 부하 직원들 앞에서는 절대로 이런 말을 사용해서는 안 된다.

습관적으로 내뱉은 이런 말들은 듣는 이들로 하여금 '좋은 것에서 위대한 것으로'가 아닌 '위대한 것에서 좋은 것으로'의 마음가짐을 유도하기 때문이다. 항상 긍정의 프레임을 만드는 긍정적인 언어로 말하는 습관을 들여라.

6. 닮고 싶은 사람을 찾아라

내가 좋아하는 색, 내가 좋아하는 노래, 내가 좋아하는 배우, 내가 좋아하는…. 그런데 이런 목록에 '내가 좋아하는 이야기'가 존재하는가? 우리는 무수한 '이야기'를 접하면서 세상을 살아간다.

어떤 조직이든지 그 안에는 신화적인 존재에 대한 전설들이 내려오게 마련이다. 전설적인 CEO 이야기는 그 조직의 정체성을 구성하는 중요한 요인이 된다. '영웅'에 대한 이야기 역시 어느 사회에나 존재한다. 그 영웅 이야기를 바탕으로 미래의 영웅들을 만들어내기 위해서다. 부모가 아이들에게, 사회나 조직이 구성원들에게 특정한 이야기를 들려줌으로써 그들의 삶을 바꾸려고 하듯이, 우리 스스로에게도 어떤 이야기들을 들려줘야 한다. 내 가슴을 벅

차게 만들고 두 주먹을 불끈 쥐게 만들었던 감동적인 이야기가 있다면 하나쯤 기억해두는 것이 좋다.

만일 기억에 담아둘 만한 이야기가 없다면 소설가 마샤 뮐러(Marcia Muller)의 방법을 이용해볼 것을 권한다. 뮐러는 2001년 〈뉴욕타임스〉에 기고하던 '글 쓰는 법에 대한 작가들의 조언'이라는 연재물에서 자신의 소설 속 주인공인 샤론 매콘과 자신이 어떻게 닮아가게 되었는지, 더 정확하게는 자신이 어떻게 매콘처럼 변하게 되었는지를 소개하고 있다.[6] 뮐러의 미스터리 소설에서 매콘은 탐정으로 나오는데 뮐러는 자신이 꿈꾸는 이상적인 자기 모습을 매콘이 캐릭터에 그대로 구워냈나 / 러기는 의부적으로 매콘처럼 행동하기 위해 노력했다.

"그녀는 키가 크고 날씬했으며 매우 용감했다. 직장을 구할 가능성이 희박한 '나'와는 대조적으로 그녀는 멋진 직업도 갖고 있었다. 나는 타자도 제대로 못 치지만 그녀는 사격술, 유도, 빵 굽는 기술, 심지어 자동차 수리에 이르기까지 참으로 다양한 기술을 겸비하고 있었다. 그녀는 위험하든 안전하든 때와 장소를 가리지 않고 어디에서든 누구에게나 질문을 던졌다. 나는 시간을 알기 위해 전화를 걸 때조차도 쑥스럽고 긴장되어 부들부들 떠는데도 말이다."

오랫동안 실직 상태에 있던 뮐러는 자신이 만들어낸 소설 속 가상의 인물처럼 되려고 노력했고, 그 결과 자신이 정말로 그 사람처

럼 변하게 되었다는 것을 다음과 같이 적고 있다.[7]

"내 키가 그녀처럼 커진 것은 아니었지만 대신에 살을 빼서 훨씬 날씬해졌으며 좀 더 용감해졌다. 38구경 권총으로 범인을 체포하거나 유도로 때려눕힐 정도는 아니었지만 이전보다는 삶에 더 자신감을 갖게 되었다. 이후 소설을 쓰는 동안 나는 안전한 곳이든 위험한 곳이든 찾아가서 질문을 하는 법을 배우게 되었다. 마침내 나는 나 자신만의 독립성을 획득하게 된 것이다."

누군가 본받고 싶은 대상이 있다면 그 사람의 전기나 자서전을 읽고 그 사람처럼 되기 위해 의도적으로 노력하고 반복적으로 행동하고 실천하는 것이 필요하다. 만일 그런 대상이 없다면 뮐러처럼 자신이 가장 되고 싶은 이상적인 자기를 만들어보고 그 사람의 이야기를 계속해서 자신에게 들려줘라. 반복적으로 들려주는 상상 속의 이야기가 현실을 만들어낼 수 있기 때문이다.

7. 주변의 물건들을 바꿔라

주변에 놓여 있는 물건들은 단순히 현실생활에 필요한 기능만을 담당하는 건 아니다. 앞에서 비즈니스와 관련된 물건들이 있는 곳에서 '게임'을 하게 되면 훨씬 더 경쟁적으로 행동하게 된다는 연구를 소개한 바 있다. 경쟁적인 마인드를 갖고 싶다면 경쟁심을 유발할 만한 물건들로 주변을 채워야 한다는 말이다.

만일 양심적인 행동을 유발하고 싶다면 집안에 거울을 적절히 배치하는 것도 좋은 방법이다. 학창 시절 시험을 볼 때, 누구나 한번쯤은 종료 시간이 지났는데도 펜을 놓지 못하고 한 문제라도 더 풀려고 애썼던 경험이 있을 것이다. 뿐만 아니라 앞 친구의 답안을 보려고 슬쩍 커닝을 시도한 적도 있을 것이다.

미국 일리노이 대학교의 에드 디너(Ed Diener) 교수가 수행한 연구에 따르면 이런 부정행위가 거울 앞에서는 쉽게 일어나지 않는다고 한다.[8] 이 연구에서 디너 교수는 한 조건의 학생들에게는 거울을 마주 본 채로 문제를 풀게 하고, 다른 조건의 학생들에게는 거울을 등지고 문제를 풀게 했다. 어느 조건의 학생들이 시험이 종료된 후에도 문제를 계속 푸는지 관찰했더니, 거울을 등지고 문제를 푼 학생들 중에서 부정행위를 하는 학생이 훨씬 많았다. 거울이 단순히 외모를 비춰주는 물건에 그치지 않고, 양심과 도덕의 프레임을 유발하는 상징적인 역할을 하기 때문이다.

본받고 싶은 인물의 사진을 걸어놓거나 가지고 다니는 것도 한 방법이다. 자신이 닮고 싶은 롤 모델의 사진을 걸어놓는 행위가 그 사람처럼 생각하고 행동하도록 만드는 프레임을 유발할 수 있기 때문이다. 대학교수를 떠올리기만 해도 상식 문제를 더 잘 푼다는 연구 결과도 나와 있다. 주변 물건들을 적절히 선택하고 배치하는 것은 단순한 인테리어 디자인을 넘어서는 지혜로운 마인드 디자인이다.

8. 소유보다는 경험의 프레임을 가져라

소유가 목적인 소비와 경험이 목적인 소비를 칼로 무 자르듯이 선명하게 구분할 수 있는 건 아니다. 가령 책상을 구입하는 경우, 소유를 위한 소비일 수도 있지만 그 책상에 앉아서 장차 하게 될 지적 경험을 위한 소비일 수도 있기 때문이다. 어떤 소비든 이 두 가지 요소가 혼재해 있게 마련이다. 바로 그렇기 때문에 우리는 소비를 '경험'을 위한 행위로 의도적으로 프레임할 수 있다.

행복은 소유 자체를 위한 소비보다는 경험을 위한 소비를 했을 때 더 크게 다가온다. 음식을 먹을 때, 단순히 습관적으로 식사를 한다고 생각하기보다는 그 음식에 들어간 재료들을 음미하는 미식가로서의 경험을 추구해보라. 영화를 볼 때도 단순히 흥행 영화를 한 편 본다는 프레임이 아니라, 인간의 상상력이 창조해낸 작품을 감상한다는 차원으로 프레임을 해보라. 특히 나를 위한 것보다는 다른 사람을 위해 소비하는 것이 행복을 배가시킨다는 점을 기억하라.

우리 연구팀이 수행한 연구에 따르면 사람들은 자기 자신을 위해 소비한 경우보다는, 다른 사람과 공유하기 위한 소비를 했을 때 더 강한 행복감을 경험하는 것으로 나타났다.[9]

편한 삶을 살기 위해서는 자신을 위해 소비해야겠지만, 정녕 한 차원 높은 행복을 경험하고 싶다면 다른 사람들을 위해 소비하도록 하라. 누군가를 위해 돈을 지불하는 것을 단순한 인사치레나 의례적인 선물로 프레임하기보다는, 자기 자신을 위한 행복 비타민이라고 프레임하는 발상의 전환이 필요하다.

9. '누구에'의 프레임을 가지라

심리학에서 'Mr. Happiness' 혹은 'King of Happiness'라고 불리는 행복 전문가인 에드 디너 교수는 긍정심리학의 또 다른 대가인 마틴 셀리그먼(Martin Seligman) 교수와 함께 〈매우 행복한 사람(*Very happy people*)〉이라는 흥미로운 논문을 발표한 적이 있다.[10]

이 연구에서 디너와 셀리그먼은 222명의 사람들을 대상으로 그들의 행복을 측정한 후에, 그 점수에 근거해서 가장 행복하다고 스스로 보고한 상위 10%에 해당하는 사람들의 특성을 집중적으로 분석했다.

가장 행복하다고 답한 10%의 사람들과 나머지 사람들이 보인 가장 큰 차이점은 무엇이었을까? 돈, 건강, 운동, 종교였을까? 아니다. 가장 큰 차이점은 바로 '관계'였다. 최고로 행복한 사람들은 그렇지 않은 사람들에 비해 혼자 있는 시간이 적었고, 사람들을 만나고 관계를 유지하는 데 많은 시간을 할애하고 있었다. 그들은 늘 다른 사람과 함께 있을 정도로 관계가 풍성했으며, 친구들 사이에서도 인간관계가 매우 좋은 것으로 평가되었다. 흥미로운 사실은 222명 중 가장 행복한 상위 10%인 22명 중에서 21명이 조사 당시 이성 친구가 있었다는 점이다.

요즘 우리 사회에는 '어디서 살 것인가?'의 프레임이 광풍처럼 몰아치고 있다. 어디서 살고, 어디서 쇼핑하고, 어디서 식사할 것인가라는 장소의 프레임이 한국인들의 삶을 지배하고 있다고 해도 과언이 아니다. 그러나 많은 심리학 연구들은 행복은 '어디서'의 문제가 아니라 '누구와'의 문제임을 분명하게 밝혀주고 있다. 탁월한 성취를 이룬 사람들, 커다란 역경을 이겨낸 사람들, 자기 삶에 만족을 누리는 사람들, 이들에게는 거의 예외 없이 '누군가'가 있었다.

이 책의 주제인 프레임을 연구하여 노벨상을 수상한 심리학자 카너먼 교수도 예외는 아니었다. 그는 박사 이후 연구 과정 기간에 평생의 친구이자 동료인 트버스키를 만나게 된다. 그 만남은 카너먼의 연구 주제를 바꿔놓았고, 마침내 그에게 노벨상을 안겨주었다. 더 나아가 심리학과 경제학의 새로운 학문적 지평을 열었다.

아직도 내 지도 교수의 눈물을 잊을 수 없다. 트버스키 교수가 암으로 세상을 떠나자 그를 추모하는 학술대회가 미국 스탠퍼드 대학교에서 개최되었다. 각 학문 분야에서 그의 업적을 평가하는 발표가 이루어졌고, 심리학계 내에서는 나의 지도 교수이자 『생각의 지도(*The Geography of Thought*)』 저자인 리처드 니스벳(Richard Nisbett) 교수가 발표를 하게 되어 있었다. 니스벳 교수는 본 발표를 며칠 앞두고 나를 비롯한 다른 학생들과 교수들 앞에서 리허설을 했다. 연습 도중 그는 자신이 어떻게 카너먼과 트버스키 교수를 만나게 되었으며, 그 만남이 자신과 심리학에 어떤 영향을 끼쳤는지를 회고하는 대목에서 왈칵 울음을 쏟고 말았다. 고인의 죽음에 대한 동료 학자로서의 깊은 슬픔과 아쉬움, 그의 학문적 영향에 대한 진심 어린 감사와 존경이 어우러진 눈물이었다. 그 모습을 지켜보던 나는 어제나 냉철하기만 했던, 그러나 자신이 이제 세계에서 데가였던 텍사스 출신의 이 전형적인 백인 지도 교수의 눈물을 통해 '인생을 바꾸게 한 만남'의 위력을 실감할 수 있었다.

세월이 흐른 지금도 그때의 감동이 밀려와 종종 내게 그런 눈물을 흘리게 할 동료와 친구가 있는지, 혹 나의 죽음 앞에서 그런 눈물을 흘려줄 동료와 제자가 있는지, 내게도 그런 존재들이 있으면 좋겠다는 생각으로 살고 있다.

어떤 사람은 옆에서 보고 있기만 해도 영감이 느껴진다. 그런 사람과 있으면 완벽의 경지에 도달하고픈 충동과 치열한 삶의 욕구가 나도 모르게 생겨난다. 어떤 사람은 함께 있기만 해도 즐겁고 유쾌하다. 그런 사람과 있으면 왠지 안심이 된다. 어떤 생을 살든 주변에 이런 사람이 한 명쯤은 있어야 하지 않을까 싶다.

연구에 의하면 배우자가 사망한 후 일주일 이내에 남은 배우자가 죽을 확률은 그렇지 않은 경우보다 두 배나 높다. 골수이식 수술을 받은 후에 생존할 확률은 친밀한 관계를 통한 사회적 지지가 있는 경우가 그렇지 않은 경우보다 두 배 이상 높다. 심장마비가 온 후에 6개월 이내에 다시 심장마비가 올 확률은 혼자 사는 사람일 때 두 배 정도 높다고 한다. 관계가 우리 삶에 미치는 영향이 그만큼 크다는 얘기다.

우리 삶에서 정말 중요한 건 '어디서'의 문제가 아니라 '누구와'의 문제다. 이제 이 프레임으로 우리 삶의 모든 영역을 들여다보도록 하자. '어디서'의 문제로 주눅 드는 시시한 삶은 미련 없이 버려라. 내게 위안과 용기, 힘을 주는 존재, 내가 전적으로 믿고 의지할 수 있는 사람들과의 좋은 관계가 행복한 인생의 지표이자 목적일 수 있다.

10. 위대한 반복 프레임을 연마하라

"습관은 그 어떤 일도 할 수 있게 만들어준다." (도스토옙스키)

『티핑 포인트(*Tipping point*)』와 『블링크(*Blink*)』로 국내 독자들에게도 많이 알려진 말콤 글래드웰(Malcom Gladwell)이 2006년 5월, 뉴욕에서 열린 미국 심리학 연차 학술대회에서 연설을 했다. 당시 학회에 참석했던 나는 설레는 마음으로 이 탁월한 저널리스트의 강연에 귀 기울였다.

그 강연에서 글래드웰은 자신이 10대 시절에 캐나다 마라톤 챔피언이었다는 흥미로운 사실을 밝혔다. 이 박식하고 재치 넘치는 저자의 어린 시절이 마라톤 챔피언이었다니 상상 밖이었다. 올림픽 금메달을 꿈꾸며 연습하던 글래드웰은 15세 때 챔피언 자리에서 밀려나게 되었다. 이후 마라톤에 흥미를 잃었다가 대학에 들어가 다시 시도했지만, 자신이 더 이상 뛰어난 마라토너가 아니라는 사실을 깨닫게 되었다고 한다. 어린 시절 마라톤 챔피언까지 했던 그에게 무슨 일이 일어났던 것일까? 어린 때의 재색이란 성인기의 성취를 예언하는 것이 아닌가?

글래드웰의 조사에 따르면 마라톤 능력이 떨어진 것은 그 자신에게만 해당되는 사례는 아니었다. 글래드웰은 13세 때 캐나다 전국 순위 15위에 들었던 소년들을 대상으로 그들이 24세가 되었을 때의 랭킹을 조사했다. 그 결과, 24세 때 전국 순위 15위에 들어 있던 선수들 중 13세 때 15위 안에 들었던 선수는 단 한 사람밖에 없음을 발견하였다. 더 놀라운 사실은 24세 때 캐나다 랭킹 1위였던 선수는 어린 시절 글래드웰을 비롯한 엘리트 선수들로부터 조롱받던 별 볼일 없는 아이로 밝혀졌다. 결국 글래드웰을 비롯하여 여러 심리학자들의 연구에 따르면, 성인기의 성취라는 것은 그것이 어떤 영역이든 '중단 없는 노력'에 의해 이루어진다는 것을 알 수 있다. 너무나 적절한 지적이다. 반복의 위력은 결코 과소평가될 수 없다.

인지심리학 분야에는 '10년 법칙'이라는 규칙이 존재한다. 어떤 분야에서건 전문성을 획득하기 위해서는 최소한 10년 이상 부단한 노력과 집중력이 필요하다는 법칙이다. 우리가 천재라고 알고 있는 사람들 중 상당수는 타고난 천재성이 아니라 우리의 상상을 뛰어넘는 집중과 반복의 산물임을 기억하라.

최근에 10년 법칙의 수정을 요하는 연구들이 발표되었다. 10년 법칙의 창시자 앤더슨 교수도 10년 법칙이 지나치게 단순화되고 왜곡되어 일반인에게 소개되고 있다고 실토하였다. 그에 따르면, 자신이 말하는 연습이란 단순한 반복이 아니라 특정 학습 목표를 위해 정교하게 설계되고, 가르치는 선생님이 존재하며, 자기 수행에 대한 즉각적이고 반복적인 피드백이 존재하는 계획된 훈련(deliberate practice)임에도 불구하고, 일반인들은 그저 시간만 쌓아가는 단순 반복으로 오해하고 있다고 한다. 이런 논란에도 불구하고 탁월성에 이르기 위해 집요한 노력과 훈련이 필요하다는 사실 자체는 부정할 수 없다. 최고 수준의 전문성이 노력만으로 이루어지지는 않지만, 노력은 배신하지 않는다. 그래서 우리는 대학에 나오는 "심성구지, 수부중불원의(心誠求之, 雖不中不遠矣)"의 마음을 가져야 한다. 마음으로 간절히 원하고 노력하면 비록 적중하지는 못해도 크게 벗어나지는 않기 때문이다

프레임을 바꾸기 위한 리프레임(reframe) 작업이 바로 이와 같다. 프레임은 단순한 마음먹기가 아니다. 한 번의 결심으로 프레임은

쉽게 바뀌지 않는다. 그것이 습관으로 자리 잡을 때까지 리프레임 과정을 끊임없이 반복해야 한다. 규칙적인 운동을 통해 근육을 늘리듯이, 규칙적이고 반복적인 연습을 통해 새로운 프레임을 습득해야 한다.

11. 인생의 부사(副詞)를 최소화하라

부사나 형용사를 남발하게 되면 문장이 생명력을 잃는다. 유명 작가들의 글쓰기에 대한 조언에 등장하는 공통적인 가르침이다. 스티븐 킹의 조언은 그중에서도 단호하다.

"The road to hell is paved with adverbs."
(지옥으로 가는 길은 부사로 포장되어 있다.)

부사를 남발하는 심리적 이유에 대하여 작가들은 한결같이 자신감의 부족을 지적한다. 불안하면 사람들은 수식어를 많이 쓴다. 생명력이 넘치는 문장을 쓰기 위해서는 불필요한 부사를 줄이고 자신의 의사를 단순하고 명료하게 전달해야 한다.

생명력이 넘치는 삶을 위해서도 마찬가지다. 인생의 부사를 줄여야 한다. 불안하기 때문에 자신의 삶에 주렁주렁 매달아놓은 액세서리들을 줄여야 한다. 자신의 문장에서 불필요한 수식어들을 줄여가는 과정과 자신의 삶에서 불필요한 장식물들을 줄여가는 과정은 본질적으로 동일하다. 둘 다 생명을 불어넣는 일이고, 자신감을 회복하는 일이다. 매일 아침 거울 앞에 서서 내 삶에서 줄여야 할 인생의 부사들을 점검해볼 필요가 있다. 행복에 관한 연구들이 지적하는 대표적인 인생의 부사를 꼽아본다면, '소유물'과 '타인의 시선'이다. 적정선을 넘게 되면 득보다는 독이 될 수 있는 것들이다.

스티브 잡스는 매일 아침 거울 앞에서 "오늘이 인생의 마지막 날이라면, 오늘 하려고 하는 그 일이 정말 하고 싶은 일인가?"라는 질문을 던졌다고 한다. 그는 인생의 부사들을 버리고 간결하게 살고 싶어 했던 것이다. 『보물섬』의 작가 스티븐슨이 말했듯이 세상이 나에게 제시해주는 것을 수동적으로 받아들이는 것이 아니라, 내가 진정으로 원하는 것을 아는 것, 그것이 우리의 영혼을 살아 있게 한다. 부사를 줄이는 작업이란 바로 그런 일이다.

작가의 프레임으로 인생을 바라보면 삶의 매 순간이 문장이다. 문장이 살아 있어야 삶에 생명력이 있다. 글과 삶에서 중요한 것은 주어이지, 부사가 아니다.

프레임을 바꾸면 인생이 바뀐다

나는 가끔 '심리학자로서 사람들에게 들려주고 싶은 메시지를 단 하나만 고른다면 무엇을 선택하겠는가?'라는 질문을 스스로에게 던지곤 한다. 심리학자로서 일종의 '18번'을 묻는 것이다. 그때마다 나는 망설임 없이 '프레임'을 선택한다. '프레임'이야말로 우리 마음에 깔린 기본 원리인 동시에 행복과 불행, 합리와 비합리, 성공과 실패, 사람들 사이의 상생과 갈등을 결정하는 가장 중요한 요인이라고 믿어왔기 때문이다. 프레임을 이해하는 것은 일종의 '마음 설명서'를 이해하는 것과 같다.

나는 재테크로만 마음을 무장하려는 요즘의 세태를 두려워하고 있다. 돈으로 가득 찬 마음이야말로 행복을 방해하는 가장 큰 장애물이라는 연구들이 반복적으로 발표되고 있음에도 불구하고, 우리 사회는 사람들을 재테크로만 몰아가고 있다. 그러나 우리의 마음은 고작 재테크로 채워져야 할 시시한 대상이 아니다. 그보다는 훨씬 더 소중한 것들로 채워져야 한다. 나는 지혜가 그 하나의 대안이라고 믿는다.

자신의 한계를 깨달았을 때 경험하는 절대 겸손, 자기중심적 프레임을 깨고 나오는 용기, 과거에 대한 오해와 미래에 대한 무지를 인정하는 지혜, 그리고 돈에 대한 잘못된 심리로부터의 기분 좋은 레임. 이 책을 통해서 독자들의 마음속에 꼭꼭 채워주고 싶었던 지혜의 요소들이다.

세상을 바라보는 우리들 개개인의 마음의 창을 점검하고 새로운 창을 갖추는 것은 삶이 우리에게 허용한 가장 큰 축복이자 의무다. 이 책에서 소개한 내용들이 독자들의 프레임을 리프레임하는 새로운 계기가 되기를 바라면서 영국의 극작가 톰 스토파드(Tom Stoppard)의 말로 이 책을 마치려고 한다.

"모든 출구는 어딘가로 들어가는 입구다."

(Every exit is an entry somewhere.)

참고문헌

초판 지은이의 말

1. 지혜에 대한 심리학적 연구 개관(12쪽)
    Baltes, P. B., & Staudinger, U. M. (1993). The search for a psychology of wisdom. *Current Directions in Psychological Science, 2*, 75-80.
    Sternberg, R. J. (1990). *Wisdom, it's nature, origins, and development*. Cambridge: Cambridge University Press.

Chapter 01

1. 핑크대왕 이야기(26쪽)
    West, C. (2003). *Percy the Pink*. London: Walker Books.
2. 프레임에 대한 철학적 정의(26쪽)
    Bullock, A., Stallybrass, O., & Trombley, S. (1988). *The Fontana Dictionary of Modern Thought* (2nd Ed.). Fontana Press.
3. 트롤리 딜레마 연구(30쪽)
    Foot, P. (1978). *Virtues and Vices* (Oxford: Basil Blackwell, 1978) (originally appeared in the

Oxford Review, Number 5, 1967)

4. '마지막 것'에 대한 긍정적 평가에 대한 연구(35쪽)

   O'Brien, E., & Ellsworth, P. C. (2012). Saving the best for last: A positivity bias for end experiences. *Psychological Science, 23,* 163-165.

5. 프랭크 런츠의 단어에 대한 글(38쪽)

   Luntz, F. (2006). *The Frank Luntz Rethug Playbook.*

6. 질문이 판단에 미치는 영향에 관한 개관(40쪽)

   Schwarz, N. (1999). Self-reports: How the questions shape the answers. *American Psychologist, 54,* 93-105.

7. 데이트와 행복의 관계에 대한 질문의 순서 효과 연구(42쪽)

   Strack, F., Martin, L. L., & Schwarz, N. (1988). Priming and communication: The social determinants of information use in judgments of life satisfaction. *European Journal of Social Psychology, 18,* 429-442.

8. 내시경 환자의 고통 경험과 회상에 대한 연구(54쪽)

   Redelmeier, D. A, & Kahneman, D. (1996). "Patients' memories of painful medical treatments: real-time and retrospective evaluations of two minimally invasive procedures". *Pain, 66,* 3-8.

9. 가방 가격 지각에 관련 신기(61쪽)

   Bruner, J. S., & Goodman, C. C. (1947). Value and need as organizing factors in perception. *Journal of Abnormal Social Psychology, 42,* 33-44.

10. 욕망과 지각에 관한 현대적 재평가 연구(62쪽)

    Dunning, D., & Balcetis, E. (2013). Wishful Seeing: How Preferences Shape Visual Perception. *Current Directions in Psychological Science, 22,* 33-37.

11. 다이어트와 TV 음식물 광고 지각의 관계에 대한 연구(64쪽)

    Eibach, R. P., Libby, L. K., & Gilovich, T. (2003). When change in the self is mistaken for change in the world. *Journal of Personality and Social Psychology, 5,* 917-931.

12. 아버지와 아들의 자동차 사고 시나리오(65쪽)

    Hofstadter, D. R. (1985). *Metamagical themas.* New York: Basic Books.

Chapter 02

1. 상위 수준과 하위 수준 프레임에 대한 연구 개관(72쪽)

   Trope, Y., & Lieberman, N. (2003). Temporal construal. *Psychological Review, 110,* 401-421.

2. 장기기증과 프레임에 관한 유럽 국가 연구(74쪽)

   Johnson, E. J., & Goldstein, D. (2003). Do defaults save lives? *Science, 302,* 1338-1339.

3. 접근과 회피에 관한 일반적 개관(77쪽)

   Gray, J. A. (1987). *The psychology of fear and stress.* New York: McGraw-Hill.

4. 아마두 디알로와 관련된 연구(83쪽)

Correll, J., Park, B., Judd, C. M., & Wittenbrink, B. (2002). The police officer's dilemma: Using ethnicity to disambiguate potentially threatening individuals. *Journal of Personality and Social Psychology, 83,* 1314-1329.

5. 존 스컬리에 대한 소개(85쪽)

Scully, J., & Byrne, J. A. (1987). *Odyssey: Pepsi to Apple.* HarperCollins.

6. 존 스컬리와 프레임과의 관련성(85쪽)

Russo, J. E., & Shoemaker, P. J. H. (2001). *Winning decisions: Getting it right the first time.* Currency.

7. 최후통첩 게임과 프레임에 관한 연구(88쪽)

Kay, A. C., Wheeler, S. C., Bargh, J. A., & Ross, L. (2004). Material priming: The influence of mundane physical objects on situational construal and competitive behavioral choice. *Organizational Behavior and Human Decision Processes, 95,* 83-96.

8. 소유와 경험의 소비에 대한 연구(90쪽)

Van Boven, L., & Gilovich, T. (2003). To do or to have? That is the question. *Journal of Personality and Social Psychology, 85,* 1193-1202.

9. 그릇의 크기와 식사량에 관한 연구(92쪽)

Geier, A. B., Rozin, P., & Doros, G. (2006). Unit bias: A new heuristic that helps explain the effect of portion size on food intake. *Psychological Science, 17,* 521-525.

10. 유태우 교수의 책(94쪽)

유태우(2006). 누구나 10kg 뺄 수 있다. 서울: 삼성출판사.

11. 스턴버그 교수의 지혜 교육에 대한 주장(95쪽)

Sternberg, R. J. (2001). Why schools should teach for wisdom: the balance theory of wisdom in educational settings. *Educational Psychologists, 36,* 227-245.

Chapter 03

1. 라코프 교수의 주장(100쪽)

Lakoff, G. (2006). *Thinking points: Communicating our American values and vision.* New York: Farrar, Straus and Giroux.

2. 솔로몬 애쉬의 실험(102쪽)

Asch, S. E. (1946). Forming impressions on personality. *Journal of Abnormal and Social Psychology, 41,* 258-290.

3. 올림픽 메달리스트 표정 연구(108쪽)

Medvec, V. H., Madey, S. F., & Gilovich, T. (1995). When less is more: Counterfactual thinking and satisfaction among olympic medalists. *Journal of Personality and Social Psychology,*

69, 603-610.

4. 교황 사진 연구(110쪽)

Baldwin, M. W., Carrell, S. E., & Lopez, D. F. (1990). Priming relationship schemas: My advisor and the Pope are watching me from the back of a mind. *Journal of Experimental Social Psychology, 26,* 435-454.

5. 성격 판단에서 질문 방향의 중요성에 대한 연구(112쪽)

Kunda, Z., Fong, G. T., Sanitioso, R., & Reber, E. (1993). Directional questions direct self-concepts. *Journal of Experimental Social Psychology, 29,* 63-86.

Choi, I., & Choi, Y. (2002). Culture and self-concept flexibility. *Personality and Social Psychology Bulletin, 28,* 1508-1517.

Chapter 04

1. 손가락 연주 연구(119쪽)

Newton, E. (1990). Overconfidence in the communication of intent: Heard and unheard melodies. Unpublished doctoral dissertation, Stanford University.

2. 허위 합의 효과에 관한 연구(122쪽)

Ross, L., Lepper, M. R., & House, P. (1977). The false consensus effect: An egocentric bias in social perception and attribution processes. *Journal of Experimental Social Psychology, 13,* 279-301.

3. 자기 이미지를 타인에게 투사하는 경향성에 관한 연구(124쪽)

Lewicki, P. W. (1988). Self-image bias in person perception. *Journal of Personality and Social Psychology, 45,* 384-393.

4. 뇌 속의 자기 센터에 관한 연구(127쪽)

Kelley, W. M., Macrae, C. N., Wyland, C. L., Caglar, S., Inati, S., & Heatherton, T. F. (2002). Finding the self? An event-related fMRI study. *Journal of Cognitive Neuroscience, 14,* 785-794.

5. 조명 효과에 관한 연구(130쪽)

Gilovich, T., Medvec, V. H., & Savitsky, K. (2000). The spotlight effect in social judgment: An egocentric bias in estimates of the salience of one's own actions and appearance. *Journal of Personality and Social Psychology, 79,* 211-222.

6. '나는 너를 잘 알지만 너는 나를 잘 모른다'에 관한 연구(132쪽)

Park, J., Choi, I., & Cho, G. (2006). The Actor-Observer bias in Beliefs of Interpersonal Insights. *Journal of Cross-Cultural Psychology, 37,* 630-642.

Koo, M., & Choi, I. (2006). Unpublished manuscript. Seoul National University.

7. 자기 행동과 타인의 행동에 대한 설명 차이 연구(135쪽)

Nisbett, R. E., Caputo, C., Legant, P., & Marecek, J. (1973). Behavior as seen by the actor and as seen by the observer. *Journal of Personality and Social Psychology, 27,* 154-164.

Chapter 05

1. 방관자 효과에 관한 실험 연구(148쪽)
   Latane, B., & Darley, J. M. (1968). Group inhibitions of bystander intervention in emergencies. *Journal of Personality and Social Psychology, 10,* 215-221.
2. 자살 시도자를 부추기는 군중에 대한 연구(153쪽)
   Mann, L. (1981). The bating crowd in episodes of threatened suicide. *Journal of Personality and Social Psychology, 41,* 703-709.
3. 할로윈에 발생하는 아동의 몰아 현상 연구(154쪽)
   Diener, E., Fraser, S. C., Beaman, A. L., & Kelem, R. T. (1976). Effects of deindividuation variables on stealing among Halloween trick-or-treater. *Journal of Personality and Social Psychology, 33,* 178-183.
4. 동조에 관한 애쉬의 연구(154쪽)
   Asch, S. E. (1951). Effects of group pressure on the modification and distortion of judgments. In H. Guetzkow (Ed.), *Groups, leadership and men,* 177-190. Pittsburgh, PA: Carnegie Press.
5. 일본 사회의 세대별 창의적 성취에 관한 시몬손의 연구(159쪽)
   Simonton, D. (1997). Foreign influence and national achievement: The impact of open milieus on Japanese civilization. *Journal of Personality and Social Psychology, 72,* 86-94.
6. 밀그램의 복종 연구(159쪽)
   Milgram, S. (1974). *Obedience to Authority: An Experimental View.* Harpercollins.

Chapter 06

1. 전화 데이트 상황을 이용한 자기실현적 예언에 관한 연구(175쪽)
   Snyder, M., Tanke, E. D., & Bersheid, E. (1977). Social perception and interpersonal behavior: On the self-fulfilling nature of social stereotype. *Journal of Personality and Social Psychology, 35,* 656-666.
2. 지도 교수의 사진이 자신의 연구 아이디어 평가에 미치는 효과 연구(178쪽)
   Baldwin, M. W., Carrel, S. E., & Lopez, D. F. (1990). Priming the relationship schema: My advisor and Pope are watching me from the back of my mind. Journal of *Experimental Social Psychology, 26,* 435-454.
3. 행복의 전염성에 관한 연구(181쪽)

Fowler, J. H., & Chistakis, N. A., & (2009). Dynamic spread of happiness in a large social network: longitudinal analysis over 20 years in the Framingham Heart Study. *British Medical Journal, 337*(768): a2338. doi:10.1136/bmj.a2338

4. 행복의 전염이 페이스북 친구들 간에도 발생함을 보여준 연구를 소개한 책(182쪽)

Chistakis, N. A., & Fowler, J. H. (2009). *Connected: The surprising power of our social networks and how they shape our lives.* Little, Brown & Company.

Chapter 07

1. 후견지명 효과에 관한 개관(192쪽)

Fischhoff, B. (1975). Hindsight ≠ foresight: The effect of outcome knowledge on judgment under uncertainty. *Journal of Experimental Psychology: Human Perception and Performance, 1,* 288-299.

Hawkins, S. A., & Hastie, R. (1990). Hindsight: Biased judgments of past events after the outcomes are known. *Psychological Bulletin, 107,* 311-327.

1. 메신저 기억 반구에 대한 개관(197쪽)

Ross, M. (1989). Relation of implicit theories to the construction of personal histories. *Psychological Review, 96,* 341-357.

3. 회상의 일관성에 대한 연구(198쪽)

Markus, G. B. (1986). Stability and change in political attitudes: Observed, recalled and explained. *Political Behavior, 8,* 21-44.

4. 조지 베일런트 인용문(200쪽)

Vaillant, G. E. (1977). *Adaptation to life.* Boston: Little Brown.

5. 현재보다 못한 과거에 대한 회상 연구(202쪽)

Conway, M., & Ross, M. (1984). Getting what you want by revising what you had. *Journal of Personality and Social Psychology, 47,* 738-748.

6. 서재필 박사 자서전의 왜곡에 대한 논문(204쪽)

주진오(1991). 서재필 자서전. 역사비평, 14, 297-307.

7. 외향성-내향성 차원에 관한 자전적 기억의 왜곡 연구(205쪽)

Sanitioso, R., Kunda, Z., & Fong, G. T. (1990). Motivated recruitment of autobiographical memories. *Journal of Personality and Social Psychology, 59,* 229-241.

8. 계획 오류에 관한 연구(207쪽)

Buehler, R., Griffin, D., & Ross, M. (1994). Exploring the "planning fallacy": Why people underestimate their task completion times. *Journal of Personality and Social Psychology, 67,* 366-381.

9. 다양성을 추구하는 미래 예측에 관한 연구(214쪽)

Choi, J., B-K. Kim, Choi, I., & Yi, Y. (2006). Variety-Seeking Tendency in Choice for Others: Interpersonal and Intrapersonal Causes. *Journal of Consumer Research*, 950-955.

Read, D., & Loewenstein, G. (1995). "Diversification Bias: Explaining the Discrepancy in Variety Seeking between Combined and Separated Choices," *Journal of Experimental Psychology: Applied, 1*, 34-49.

10. 심리적 면역체계에 대한 연구(217쪽)

Gilbert, D. T., Pinel, E., Wilso T. D., Blumberg, S. J., & Wheatley, T. P (1998). "Immune Neglect: A Source of Durability Bias in Affective Forecasting," *Journal of Personality and Social Psychology, 75*, 617-638.

Chapter 08

1. 대니얼 카너먼의 프레임 연구에 대한 개관(224쪽)

Gilovich, T., Griffin, D., & Kahneman, D. (2002). *Heuristics and biases: The psychology of intuitive judgment*. Cambridge: Cambridge University Press.

2. 한 신혼부부의 카지노 이야기(227쪽)

Belsky, G., & Gilovich, T. (1995). *Why smart people make big money mistakes*. Simon & Schuster.

3. Pennies-A-Day에 관한 연구(229쪽)

Gourville, J. T. (1998). Pennies-a-day: The effect of temporal reframing on transaction evaluation. *Journal of Consumer Research, 24*, 395-408.

4. 할인 가격에 대한 선택 연구(234쪽)

Tversky, A., & Kahneman, D. (1981). The framing of decisions and the psychology of choice. *Science, 211*, 453-458.

5. 문화비 vs. 생활비 연구를 비롯한 돈의 이름에 관한 연구 개관(238쪽)

Thaler, R. (1985). Mental accounting and consumer choice. *Marketing Science, 4*, 199-214.

Thaler, R. (1999). Mental accounting matters. *Journal of Behavioral Decision Making, 12*, 183-206.

6. 스키 패스에 관한 연구(240쪽)

Soman, D., & Gourville, J. T. (2001). Transaction decoupling: How price bundling affects the decision to consume. *Journal of Marketing Research, 28*, 30-44.

7. 원화와 달러화의 차이에 관한 연구(244쪽)

Raghubir, P., & Srivastava, J. (2002). Effect of face value on product valuation in foreign currencies. *Journal of Consumer Research, 29*, 335-347.

8. 2000년대 초반 환율 기준(244쪽)

9. 신용카드에 관한 연구(245쪽)

Feinberg, R. A. (1986). Credit cards as spending facilitating stimuli: A conditioning interpretation. *Journal of Consumer Research, 13,* 348-356.

Chapter 09

1. 이득과 손실 프레임에 따른 위험 선택 연구(254쪽)
    Kahneman, D., & Tversky, A., (1979). *Prospect theory: An analysis of decision under risk. Econometrica, 47,* 263-291.
2. 매몰 비용 효과에 관한 연구 개관(257쪽)
    Arkes, H., & Blumer, C. (1985). The psychology of sunk cost. *Organizational Behavior and Human Decision Processes, 35,* 124-140.

    Thaler, R. (1999). Mental accounting matters. *Journal of Behavioral Decision Making, 12,* 183-206.
3. 현상 유지 현상에 대한 연구(260쪽)
    Samuelson, W., & Zeckhauser, R. (1988). Status quo bias in decision making. *Journal of Risk and Uncertainty, 1,* 7-59.
4. 소유 효과에 관한 연구(263쪽)
    Kahneman, D., Knetsch, J. L., & Thaler, R. H. (1991). The endowment effect, loss format, and status quo bias. *Journal of Economic Perspectives, 5,* 193-206.
5. 양육권 결정에 관한 연구(266쪽)
    Shafir, E. (1993). Choosing and rejecting: Why some options are both better and worse. *Memory & Cognition, 21,* 546-556.

Chapter 10

1. 빅터 프랭클의 저서(273쪽)
    Frankl, V. E. (1959/2006). *Man's search for meaning.* Boston: Beacon Press.
2. 사건 발생 시기와 상위/하위 수준 연구 개관(274쪽)
    Trope, Y., & Liberman, N. (2003). Temporal construal. *Psychological Review, 110,* 403-421.
3. Savoring에 대한 연구 개관(278쪽)
    Bryant, F. (2003). Savoring beliefs inventory (SBI): A scale for measuring beliefs about savoring. *Journal of Mental Health*, 12, 175 -196.

    Wood, J., Heimpel, S. A., & Michela, J. T. (2003). Savoring Versus Dampening: Self-Esteem Differences in Regulating Positive Affect. *Journal of Personality and Social Psychology, 85,* 566-580.

4. 사회 비교의 해악에 대한 연구(279쪽)

   Choi, J., Park, J., & Choi, I. (2006). The dark side of frequent social comparison. Unpublished manuscript. Seoul National University.

5. 수녀들의 긍정 언어와 장수 연구(281쪽)

   Danner, D., Snowdon, D., & Friesen, W. (2001). Positive emotions in early life and longevity: Findings from the Nun Study. *Journal of Personality and Social Psychology, 80,* 804-813.

6. 마샤 뮐러의 기고문(283쪽)

   Muller, M. (2001). The novelist's life is altered by a confident alter ego. *New York Times,* August 13.

7. 마샤 뮐러의 기고문에 대한 유사한 해석 수록(284쪽)

   Wilson, T.D. (2002). *Strangers to ourselves*. Cambridge: Harvard University Press.

8. 거울과 커닝 연구(285쪽)

   Diener, E., & Wallbom, M. (1976). Effects of self-awareness on antinormative behavior. *Journal of Research in Personality, 10,* 107-111.

9. 자기를 위한 소비와 타인을 위한 소비(287쪽)

   김정민 & 최인철 (2006). 미출간 자료. 서울대학교

10. 매우 행복한 사람 연구(287쪽)

   Diener, E., & Seligman, M. P. (2002). Very happy people. *Psychological Science, 13,* 81-84.

KI 신서 9608

프레임
나를 바꾸는 심리학의 지혜

1판 1쇄 발행 2007년 6월 20일
2판 1쇄 발행 2016년 8월 31일
3판 1쇄 발행 2021년 2월 10일
4판 1쇄 발행 2021년 3월 2일
5판 1쇄 발행 2022년 9월 26일
5판 14쇄 발행 2025년 1월 31일

지은이 최인철
펴낸이 김영곤
펴낸곳 ㈜북이십일 21세기북스

인문기획팀장 양으녕 **인문기획팀** 이지연 서진교 노재은 김주현
디자인 황소자리 **일러스트** 조정빈 **프로필 사진** 나승보
출판마케팅팀 한충희 남정한 나은경 최명열 한경화
영업팀 변유경 김영남 강경남 황성진 김도연 권채영 전연우 최유성
제작팀 이영민 권경민

출판등록 2000년 5월 6일 제406-2003-061호
주소 (10881) 경기도 파주시 회동길 201(문발동)
대표전화 031-955-2100 **팩스** 031-955-2151 **이메일** book21@book21.co.kr

(주)북이십일 경계를 허무는 콘텐츠 리더

21세기북스 채널에서 도서 정보와 다양한 영상자료, 이벤트를 만나세요!
페이스북 facebook.com/jiinpill21   포스트 post.naver.com/21c_editors
인스타그램 instagram.com/jiinpill21   홈페이지 www.book21.com
유튜브 youtube.com/book21pub

당신의 일상을 빛내줄 탐나는 탐구 생활 〈탐탐〉
21세기북스 채널에서 취미생활자들을 위한 유익한 정보를 만나보세요!

ⓒ 최인철, 2016

ISBN 978-89-509-9451-8 03320
* 책값은 뒤표지에 있습니다.